AF640081

MANA

Weitere Titel von Almut Irmscher in der Reise-Lesebuch-Reihe:

Das **Island**-Lesebuch	(978-3-95503-127-5)
Das **Norwegen**-Lesebuch	(978-3-95503-130-5)
Das **Dänemark**-Lesebuch	(978-3-95503-133-6)
Das **Irland**-Lesebuch	(978-3-95503-136-7)
Das **Schottland**-Lesebuch	(978-3-95503-139-8)
Das **England**-Lesebuch	(978-3-95503-142-8)
Das **Portugal**-Lesebuch	(978-3-95503-146-6)
Das **Italien**-Lesebuch	(978-3-95503-149-7)
Das **Griechenland**-Lesebuch	(978-3-95503-152-7)
Das **Schweden**-Lesebuch	(978-3-95503-177-0)
Das **Kroatien**-Lesebuch	(978-3-95503-180-0)
Das **Toskana**-Lesebuch	(978-3-95503-183-1)
Das **Namibia**-Lesebuch	(978-3-95503-200-5)
Das **Nordsee**-Lesebuch	(978-3-95503-215-9)
Das **Ostsee**-Lesebuch	(978-3-95503-212-8)
Das **Spanien**-Lesebuch	(978-3-95503-209-8)

Weitere Titel von Gunhild Hexamer in der Reise-Lesebuch-Reihe:

Das **Kanada**-Lesebuch – Der Osten	(978-3-95503-186-2)
Das **Kanada**-Lesebuch – Der Westen	(978-3-95503-189-3)
Das **Kalifornien**-Lesebuch	(978-3-95503-203-6)
Das **USA**-Lesebuch	(978-3-95503-218-0)

Bibliografische Information der Deutschen Nationalbibliothek
Die Deutsche Nationalbibliothek verzeichnet diese Publikation in der Deutschen Nationalbibliografie. Detaillierte bibliografische Daten sind im Internet unter http://dnb.dnb.de abrufbar.

© 2021 MANA-Verlag, www.mana-verlag.de

Das Werk ist in allen Teilen urheberrechtlich geschützt. Jede Verwertung außerhalb der engen Grenzen des Urheberschutzgesetzes ist ohne Zustimmung des Verlages unzulässig. Das gilt insbesondere für Vervielfältigungen, Übersetzungen, Mikroverfilmungen und die Einspeicherung und Verarbeitung in elektronischen Systemen.

Titelfoto (Costa del Sud) **und Bilder im Innenteil:**
Almut Irmscher

Zeichnungen: Tabea Sudrow
Umschlagentwurf, Satz und Layout: MANA-Verlag

Druck: Dardedze, Riga, EU
ISBN: 978-3-95503-231-9

Almut Irmscher

Das Sardinien-Lesebuch

Impressionen und Rezepte
von der Insel der Traumstrände

Inhalt

Einführung

Mein erster Besuch auf Sardinien liegt nun schon einige Jahre zurück. Die Kinder waren noch klein, wir hatten ein Haus an der Küste gebucht, ein Stück südöstlich von Cagliari. Unser Ferienort hieß Torre delle Stelle – Turm der Sterne, ein Name voller Verheißung. Und die alte lateinische Redensart „nomen est omen" – „der Name ist ein Vorzeichen" – sollte sich hier tatsächlich bewahrheiten.

Mit Feuerglut hatte sich der Abend über die kleine Bucht gesenkt, an deren sanftem Abhang unser Ferienhaus thronte. In einem wahren Farbenrausch versank die Sonne hinter dem weiten Golf von Cagliari, die Nacht legte ihr blausamtenes Tuch über das stille Wasser. Auf der anderen Seite unserer Bucht ragte ein kleines Kap vorwitzig hinaus, gekrönt von einem einsamen Turm. Dort glitzerten nun Lichter auf und spiegelten sich mit festlichem Glanz im schlaftrunkenen Meer. Gleichzeitig erglühten die ersten Sterne am dunkelnden Firmament. Immer mehr magische Schimmer ließen die mediterrane Nacht erstrahlen, als habe eine Märchenfee einen funkelnden Diamantenreigen über die Szenerie gezaubert. Schließlich erhob sich hinter dem östlichen Bergrücken langsam der Vollmond, die nachtdunkle Bucht leuchtete in wundersamem Silberschein. Eine wahrhaft fantastische Nacht, ein Ort von surrealer Pracht und wahrhaftig: ein Turm der Sterne!

Doch auch tagsüber, wenn Mond und Sterne im Reich der Träume entschwanden und die strahlende Sonne ihr Regiment antrat, bezauberte dieser Ort mit seiner Schönheit. Ruhig und milde kräuselten sich die Wellen auf dem türkis strahlenden Meer und reflektierten die Sonnenstrahlen wie Flitterfunken. Fast unwirklich hell davor der kleine Strand mit seinem pudrig feinen Sand, gerahmt von den rötlichen Felsen der Bucht, die ihn wie eine Theaterkulisse umgaben. Die Kräuter, die Büsche und die Blumen der üppigen Macchia füllten die Luft mit ihren betörenden Aromen, und nun verstand ich, warum man Sardinien auch die Karibik des Mittelmeers nennt. Denn es ist in eine Sinfonie aus leuchtenden Farben getaucht, aus blumigen Düften und wohliger Wärme.

Abgeschieden liegt Sardinien als zweitgrößte Insel mitten im westlichen Mittelmeer. Von dessen nördlichen Gefilden aus betrachtet befindet sich Sardiniens Nordzipfel schon auf dem halben Weg nach Afrika. Die südlichsten Strände sind sogar nur etwa 190 Kilometer von der Küste Tunesiens entfernt. Die kürzeste Entfernung zum italienischen Festland beträgt ungefähr genauso viel und besteht zwischen Sardiniens Nordosten und der Halbinsel Monte Argentario im Süden der Toskana. Den Süden Sardiniens trennen hingegen mindestens 400 Kilometer vom italienischen Stiefel und immerhin noch knappe 300 Kilometer vom westlichen Ende Siziliens. Lediglich Korsika ist nah, die kürzeste Entfernung zur französischen Schwesterinsel beträgt nur zwölf Kilometer. Doch diese Nähe betrifft nur eine kleine Landspitze ganz im Norden Sardiniens.

Die isolierte Position hat die Sarden zu einem stolzen Volk gemacht, das seine eigenen Traditionen und Sitten hervorbrachte und diese selbstbewusst bewahrt. Doch konnte die Abgeschiedenheit Sardiniens Bevölkerung nicht davor schützen, dass im Lauf der Jahrtausende immer wieder Eroberer und Kolonialisten sowie räuberische Piraten übers Meer herbeikamen und dem friedlichen Inselleben den Garaus machten. „Furat chie venit da'e su mare", lautet ein altes sardisches Sprichwort: Wer über das Meer kommt, kommt, um zu stehlen. Die Menschen zogen sich deshalb in die Berge zurück und mieden die Küsten. Doch selbst das konnte sie kaum davor bewahren, überfallen zu werden. Denn auch wenn die Sarden bescheiden lebten und über keine nennenswerten Reichtümer verfügten, die zu erbeuten sich gelohnt hätte, so ließen sie sich doch immer noch versklaven. Mehr als diese Aussicht lockten allerdings Sardiniens Bodenschätze die Fremden auf die Insel. Bergbau gibt es hier schon seit mehr als 2.000 Jahren, und für fast alle Begehrlichkeiten ist etwas dabei: Gold und Silber, Blei und Zink, Eisen, Kohle, Fluorit und noch so manches mehr. Alle folgten dem Lockruf dieser Schätze, von den Phöniziern und Puniern über die Römer, die Araber, die Genueser und die Pisaner, die Spanier und die Österreicher bis hin zu den Italienern vom Festland.

Weniger Interesse zeigten diese Besucher vergangener Tage an den landschaftlichen Reizen Sardiniens, an den wilden, ursprünglichen Bergwelten, den märchenhaften Tropfsteinhöhlen, den zerklüfteten Felsformationen der Küsten oder den paradiesischen Traumstränden. Diese wurden erst deutlich später von Besuchern entdeckt, nämlich von den Touristen unserer Zeit. Auf Sardinien findet man die schönsten Gestade des Mittelmeers: endlose weiße Sandstrände vor türkis leuchtendem Wasser, das zudem kristallklar ist und mit einer atemberaubenden Unterwasserwelt aufwartet, oder idyllische Buchten zwischen markanten Felsen, oft so abgelegen, dass man sie nur zu Fuß oder mit dem Boot erreichen kann.

Doch Sardinien hat seinen Gästen noch weitaus mehr zu bieten. Die Palette reicht von vorzeitlichen Bauten über malerische Hafenstädtchen und urige Bergdörfer bis hin zur artenreichen Flora und Fauna. Schutzgebiete, aber auch die naturverbundene Lebensweise der Sarden bewahren deren einzigartige Lebensräume. Sie sind Refugien für Rot- und Damwild, für Wildkatzen, Schildkröten, Geier, Mufflons und Wildschweine, sogar für die mandeläugigen Giara-Wildpferde, die auf einer Hochebene im Herzen Sardiniens leben und vielleicht einst von den Puniern auf die Insel gebracht wurden. Durch die Lagunen der Küsten stolzieren Rosaflamingos, und mit etwas Glück kann man draußen im Meer den einen oder anderen Delfin erspähen.

Die dichten Wälder, die Sardinien noch bis zur Mitte des 19. Jahrhunderts fast vollständig bedeckten, sind zum Teil dem Holzhunger der Industrialisierung zum Opfer gefallen. Doch noch immer findet man schier endlose Wälder aus Steineichen, Eiben, Erlen und Kastanienbäumen, im Norden auch lichte Korkeichenplantagen. Wo die Wälder weichen mussten, ist das ursprüngliche Unterholz geblieben, die immergrüne Macchia. Im Frühling tauchen ihre Sträucher und Büsche die Insel in ein farbenfrohes Blütenmeer, im Sommer verströmen sie die berauschenden Düfte ihrer ätherischen Öle. Überall liegt jetzt der Duft von Lavendel, Myrte, Lorbeer und Thymian in der Luft. Seine üppige Vegetation macht Sardinien zu einer grünen Insel.

Ich lade Sie dazu ein, die Besonderheiten Sardiniens gemeinsam mit mir zu entdecken, die Schönheit und die Mysterien, die Natur, die Geschichte und die Lebensweise der Sarden. Auf meiner Website **www.almutirmscher.de** erwartet sie außerdem ein Fotoalbum mit visuellen Eindrücken aus Sardinien, und typische Rezepte zaubern Geschmack und Aromen der Insel in Ihre heimische Küche.

Benvenuti in Sardegna – willkommen auf Sardinien!

Das Geheimnis der Hundertjährigen – die Küche Sardiniens

Es heißt, dass nirgendwo auf der Welt so viele Hundertjährige leben wie auf dem sonnenverwöhnten Sardinien. Wie ist das möglich?

Obwohl die Sarden schon vor 4.000 Jahren eine ausgeprägte Kultur besaßen, lebten sie bekanntlich auch immer in relativer Isolation und haben ihre Lebensart über die Jahrhunderte hinweg entwickelt und gepflegt. Es wird vermutet, dass ihre sprichwörtliche Langlebigkeit unter anderem darauf zurückzuführen ist. Und natürlich fällt der Blick in diesem Zusammenhang auch auf die Ernährung. Die Sarden leben einfach, ihre Küche ist streng an die Traditionen gebunden.

Ackerbau und Viehzucht bildeten seit jeher die Grundlagen der sardischen Wirtschaft. Deren Erzeugnisse sind die Basis der hiesigen Kost, die schlicht ist und sich naturreiner Zutaten bedient. Im weitläufigen Landesinneren prägen Backwaren, Milchprodukte, Honig, Kräuter, Obst und Gemüse, außerdem Fleisch von Schwein, Schaf, Rind und Wild sowie Wurstwaren die Rezepte.

Fisch dagegen spielte eher keine Rolle. Denn obwohl Sardinien eine Insel ist, taten sich die Sarden niemals als Seeleute hervor. Mehr noch, sie mieden den Uferbereich. In den oft sumpfigen Küstengebieten grassierte die Malaria, außerdem bestand ja eine ständige Bedrohung durch Piraten und andere Aggressoren. Deshalb zogen die Sarden es vor, sich im Landesinneren niederzulassen. Erst andere Völker, die Sardinien zeitweise beherrschten, besiedelten schließlich auch die Küsten, hinterließen ihre Spuren in der Küche und führten Speisen aus Fisch und Meeresfrüchten auf der Insel ein. Trotzdem wollen traditionsbewusste Sarden von Fisch im Grunde noch immer nichts wissen.

Die typisch sardische Küche ist also eine „Küche der Erde". Im Zentrum der Ernährung steht das Grundnahrungsmittel schlechthin: Brot. Die Sarden kennen seinen Wert, es ist ihnen heilig. Wenn die Schafhirten mit ihren Herden in die Berge zogen, waren sie lange fort von daheim, sie brauchten ein haltbares Brot, von dem sie lange zehren konnten. So entstand vermutlich schon in der Bronzezeit das „pane carasau", auch „carta da musica" (Notenpapier) genannt, eine Art sardisches Knäckebrot. Es ist trocken, hauchdünn, leicht und knusprig. Pane carasau wurde ursprünglich auf glühenden Kastanienholzscheiten gebacken, heute wird es in zwei Backgängen bei hoher Temperatur hergestellt. Man verzehrt es in Wasser oder Brühe aufgeweicht als eine Art Brotsuppe mit Tomatenpüree, mit Olivenöl beträufelt oder zusammen mit Käsescheiben, frischen Tomaten, Oliven, Antipasti-Gemüse und Wurst. Die schon vorab mit Salz und Olivenöl gewürzte Variante heißt „pane guttiau", und unter „pane frattau" versteht man ein geschichtetes Gericht: Pane carasau wird im Wechsel mit Tomatensauce und Käse wie eine Lasagne auf Tellern übereinandergeschichtet und mit einem Spiegelei gekrönt.

Wie wichtig den Sarden Brot ist, zeigt sich bei besonderen Anlässen, wobei das Brot oft nur dekorativen Zwecken dient: So gibt es das Hochzeitsbrot, das kunstvoll modelliert wird und die Form von Girlanden, Tieren oder Blumen annimmt.

Dann verziert man es noch mit Kräutern oder buntem Papier und bringt es den Brautleuten als Geschenk dar. Zur Feier einer Taufe wird das Brot in Form eines spitzen Kegels zubereitet, um die Freude über das neue Leben auszudrücken. Bei Todesfällen backt man es aus Vollkorn, dessen dunkle Farbe die Trauer symbolisieren soll.

Das Brot wird nach alter Sitte von den Frauen gebacken, während die Männer für die Zubereitung des Fleischs zuständig sind. Hoch geschätzt wird das Fleisch der freilaufenden halbwilden Schweine, die sich im Herbst von Kastanien ernähren. Die gängige Zubereitungsart ist es, das Fleisch auf einen Wacholderzweig aufzuspießen und an der Glut duftender Macchia-Hölzer zu rösten. Typischerweise bereitet man auf diese Art „porcheddu" zu – ein Spanferkel. Ausschlaggebend sind hierbei die würzenden Kräuter: Salbei, Minze, Myrte, Rosmarin und Lorbeer verleihen dem Fleisch seinen einzigartigen Geschmack, woran natürlich auch die Ernährung des Tieres, der Rauch der Macchia-Hölzer und der Wacholderzweig ihren Anteil haben.

Die traditionsreichste sardische Art der Fleischzubereitung ist jedoch das „carne a carraxiu", das „beerdigte Fleisch". Hierzu gräbt man ein Loch in den Boden und entzündet darin ein großes Feuer aus aromatischem Holz. Auf die Glut kommt eine Schicht aus Myrtenblättern. Anschließend legt man ein ganzes Tier darauf – ein Schwein, eine Ziege, ein Lamm, ein Wildschwein oder ein Kalb – und bedeckt dieses wiederum mit Myrtenblättern, eventuell auch noch mit anderen Kräutern wie Rosmarin und schließlich mit Erde. Dann werden brennende Holzscheite daraufgelegt, und das Fleisch wird im Laufe von einigen Stunden langsam gegart.

Selten, an besonders hohen Festtagen, wird nicht nur ein Tier zubereitet, stattdessen gibt es „malloru de su sabatteri", eine Mahlzeit nach Art der Matrjoschka-Puppen: Ein Kalb wird mit einer ganzen Wildziege gefüllt, in die man wiederum ein Ferkel gesteckt hat. In dem Ferkel verbirgt sich ein Hase, der seinerseits mit einem Rebhuhn gefüllt ist, das wiederum mit einem kleinen Vogel gestopft ist. Die Zubereitung dieses ungewöhnlichen Gerichts erfordert viel Geschick und geschieht unter ständigem Drehen über einem Holzfeuer.

Fleisch ist kostbar, deshalb verwertet die sardische Küche alle Teile der geschlachteten Tiere. Die Köpfe werden mit Minze, Zwiebeln, Tomaten und Petersilie gekocht, außerdem kommt mit Speck gestopfter Lamm- oder Ziegendarm auf den Tisch. „Sa cordula" ist ein mit Zitrone zubereitetes Gericht aus Innereien wie Leber, Lunge und Herz, die in geflochtenem Darm gekocht werden.

Die Insel ist reich an Wildbret, was sich auch in der Küche widerspiegelt. Doch nicht immer gehen die Methoden der Jäger mit unseren Vorstellungen von Artenschutz konform. Für „is pillonis de tacculas" zum Beispiel werden Singvögel wie Amsel, Drossel, Fink und Star mit einem Netz gefangen, um das Fleisch nicht zu beschädigen. Sie werden gerupft, jedoch nicht ausgenommen, in Salzwasser gekocht und anschließend für 24 Stunden zwischen Myrtenzweige gelegt, bis sie deren Geschmack angenommen haben.

Wildschweinschinken und zu Würstchen gedrehte Innereien sind genauso gefragte Leckerbissen wie die mit Fenchelsamen und Essig gewürzte Wurst, die seitlich vom Herdfeuer aufgehängt und dabei ganz nebenbei geräuchert wird. Man isst sie pur oder zu Nudeln. Die luftgetrocknete Salami aus dem Fleisch der frei weidenden Schweine ist besonders aromatisch.

Die traditionellen Nudeln Sardiniens sind die muschelförmigen „malloreddus". Sie sind gerillt, bauchig und nicht größer als ein Fingerglied. „Fregola" sind kleine Kügelchen aus Hartweizengrieß, die mit den verschiedensten Zutaten kombiniert oder wie Risotto zubereitet werden können. Daneben gibt es auch mit Ricotta oder Kartoffeln gefüllte Nudelspezialitäten, die Ravioli vergleichbar sind. Seadas sind große Teigtaschen mit einer Füllung aus Honig und jungem Pecorinokäse, die in Olivenöl ausgebacken werden.

Bis zum heutigen Tag prägen Schäfer das althergebrachte Alltagsbild. Im dünn besiedelten Landesinneren soll es noch immer doppelt so viele Schafe wie Menschen geben. Pecorino ist deshalb eine wichtige Grundlage der sardischen Küche, auch seine Geschichte soll bis in die Bronzezeit Sardiniens zurückreichen. Dieser Käse aus Schafsmilch ist weiß und kompakt, schmeckt angenehm mild und wird mit zunehmender Reifezeit immer pikanter. Der ausgereifte „foire sardo“ ist fest und mindestens sechs Monate gelagert. Er wird dann bevorzugt als Reibekäse verwendet.

Kopfschütteln, wenn nicht gar Ekel verursacht unter allen Nicht-Sarden der alte Brauch, einen solchen reifen Pecorino sardo von Maden befallen zu lassen, denn die Maden sorgen dafür, dass der steinharte Käse wieder kaubar wird. Diese Spezialität, die „casu marzu“ – „verdorbener Käse" – genannt wird, entsteht, indem man den Käselaib teilweise entrindet und im Freien liegen lässt. Die Käsefliege legt an den von der Rinde befreiten Stellen ihre Eier ab, wenn die Maden schlüpfen, dringen sie in den Laib ein. Sie fressen sich hindurch und zersetzen den Käse dabei, ihre Verdauungsprodukte bilden eine würzige Paste von cremiger Konsistenz, die – wenig überraschend – leicht gammelig schmeckt. Die Maden müssen jung und weiß sein, sie dürfen noch keinen schwarzen Kopf entwickelt haben, dann gilt der Casu marzu als perfekt. Die acht Millimeter großen Maden werden bei lebendigem Leib mitgegessen. Weil sie bis zu 15 Zentimeter hoch springen können, sprechen die Sarden auch von „hüpfendem Käse" und halten beim Verzehr die Hand schützend vor ihre Augen oder decken die Tierchen mit einem Stück Brot ab. Die lebenden Maden sind ein Qualitätsbeweis, sind die Maden verendet, gilt der Käse als ungenießbar.

Richtig gruselig wird es, wenn man nun erfährt, dass die Maden äußerst robust sind und mitunter selbst vom Magensaft nicht abgetötet werden. Man muss sie deshalb sehr gut zerkauen, danach spült man sie mit einem Glas Cannonau di Sardegna hinunter, das ist ein alkoholreicher Rotwein. Verschluckt man die Maden hingegen lebend, dann können sie Magen- und Darmwände anfressen, was schwere gesundheitliche Probleme nach sich ziehen kann. Jedenfalls ist die Chance auf ein hundertjähriges Erdendasein dann durchaus beeinträchtigt.

Deshalb ist es nur zu verständlich, dass die Herstellung von Casu marzu und der Handel damit durch einschlägige EU-Bestimmungen im Jahr 2005 strengstens verboten wurden. Der „hüpfende Käse" wird jetzt nur noch unter der Hand verkauft und ist entsprechend teuer. Wer es unbedingt wissen will, kann vielleicht direkt beim Hirten ein Häppchen davon kosten. Hartgesottene Fans haben indessen schon ein Schlupfloch im EU-Recht aufgetan, denn der Käse unterliegt als altüberlieferte regionale Spezialität prinzipiell einem besonderen Schutz. Unter keimfreien Bedingungen gezüchtete Käsefliegen sollen für ein Produkt sorgen, das mit den europäischen Hygienenormen konform geht. Gibt die EU einem entsprechenden Antrag statt, dann darf dieser spezielle Casu marzu sogar nicht nur in Italien, sondern in der gesamten EU verkauft werden. Guten Appetit!

Kehren wir lieber zurück zu den weniger exotisch anmutenden Leckereien Sardiniens. Aus Schafsmilch wird auch

Ricotta zubereitet, daneben gibt es noch verschiedene Sorten von Ziegenkäse. Gemüse wie Tomaten, Paprika, Zucchini, kleine Artischocken, Pilze und Auberginen finden in der Küche reichlich Anwendung. Seit Jahrhunderten wird an den Küsten Sardiniens Salz gewonnen, die Insel ist außerdem reich an hoch aromatischen Kräutern. Das alltägliche Essen der Sarden besteht meist aus schlichten Eintöpfen, die kräftig mit solchen Kräutern gewürzt sind.

Es gibt hervorragenden Safran, der allerdings selbst verbraucht und nicht exportiert wird, denn ein Gutteil der sardischen Gerichte sieht die Verwendung von Safran vor. Mit ihm würzt man Brühe, Kalbsgulasch und Hühnerfrikassee oder bereitet einen köstlichen Auflauf aus Bandnudeln, Pecorinoscheiben und Safranstempeln zu, die abwechselnd geschichtet werden.

Unverzichtbar ist das sardische Olivenöl, das von hervorragender Qualität ist und die Ursprünglichkeit der Küche unterstreicht. Schon die Ureinwohner Sardiniens, die Menschen der Bonnanaro-Kultur, die auf der Insel die markanten Nuraghen-Türme hinterlassen haben, sollen mit der Kultivierung von Oliven vertraut gewesen sein.

Zu den wenigen meergeborenen Spezialitäten gehört „bottarga“, die aus den Rogen der Meeräsche hergestellt wird. Die Fischeier werden gesalzen und unter Gewichten getrocknet. Man isst sie in hauchdünne Scheiben geschnitten, entweder mit Tomaten als Salat, mit Olivenöl auf Nudeln oder einfach auf Brot gelegt. Die Meeräsche selbst wird als „merca“ in Salzwasser gekocht und mit einem speziellen Sumpfkraut aromatisiert, was ihr einen einzigartigen Geschmack verleiht. Die Fischgründe um Sardinien sind reich und bieten eine Vielzahl von Arten, doch die Zahl origineller Fischrezepte ist aus den schon genannten Gründen sehr begrenzt.

Als Süßspeise wird „torrone“ verzehrt, ein Nougat aus Honig, Eiweiß und Nüssen oder Mandeln, verfeinert mit der Schale von Zitrusfrüchten. Auch süße Ravioli mit Mandelfüllung werden zum Dessert gereicht. Sehr verbreitet ist ein Gebäck auf der Grundlage von Mandeln, die Amaretti sardi, die oft mit Orangenblüten oder Schalen von Zitrusfrüchten aromatisiert sind, jedes Dorf hat seine eigene Rezeptur entwickelt. Zum Dessert wird auch gerne nur Käse mit Honig serviert.

Die Weine Sardiniens tragen der deftigen Küche Rechnung. Der kräftige, erdige Rotwein hat einen hohen Alkoholgehalt und ist als Begleiter der typischen Fleischgerichte unverzichtbar. Die für den schon erwähnten Cannonau sowie für den als Rosé- oder Rotwein gekelterten Carignano verwendeten Trauben zählen zu den ältesten Rebsorten. Solche Weine sollen auf Sardinien schon um 1200 v. Chr. erzeugt worden sein. Leicht und frisch ist der Weißwein Vermentino. Der Dessertwein Sardiniens ist der Vernaccia di Oristano, der Ähnlichkeit mit Sherry hat.

Die wohl typischste Pflanze Sardiniens ist die Myrte, die ja bereits mehrfach Erwähnung fand. Sie wächst als immergrüner Strauch, trägt kleine weiße Blüten, die intensiv duften und aus deren Fruchtknoten sich Beeren entwickeln, die einer Heidelbeere ganz ähnlichsehen. Der Legende nach schenkte die Göttin der Liebe die Myrte den Hirten, die daraus einen weißen und einen roten Liebestrank brauten. Der „Mirto“ ist ein Kräuterlikör, der auf Sardinien zum Dessert gereicht wird. Weißer Mirto wird aus den Blättern und Blüten der Myrte gebrannt, roter aus ihren Beeren.

Nun wissen wir also von den Geheimnissen der Küche der Hundertjährigen. Es sind nicht unbedingt nur die typischen Klassiker der mediterranen Kost, die hier den Schwerpunkt bilden. Wissenschaftler rätseln seit langem, warum die Menschen auf Sardinien so oft ein biblisches Alter erreichen. Für Erstaunen sorgt auch die Tatsache, dass Männer und Frauen hier gleichermaßen die Altersstatistik anführen, während anderenorts die Lebenserwartung von Frauen in der Regel höher ist als die der Männer. Neben der Ernährung spielt natürlich auch die Lebensweise dabei eine große Rolle. Bewegung an frischer Luft, Arbeiten bis ins hohe Alter sowie die enge Einbindung in Familie und Freundeskreis gelten als mindestens genauso wichtige Faktoren für die Langlebigkeit der Sarden. Aber auch eine genetische Disposition wurde von Forschern ins Spiel gebracht. Gerade die Bewohner der Dörfer im Landesinneren der Insel blieben über Jahrhunderte hinweg weitgehend genetisch isoliert, Heiratskontakte fanden allenfalls von Dorf zu Dorf statt. Hierbei könnte sich die erbliche Befähigung zu einem besonders langen Leben herausgebildet haben.

Doch wenn es nicht gerade Madenkäse ist, so wird die Erkundung der sardischen Küche unserer Lebenserwartung ganz bestimmt nicht abträglich sein!

Agnello con gombo – Lamm mit Okraschoten

Zutaten für 4 Personen:

800 g Lammschulter
600 g Okraschoten
2 Zwiebeln
2 Knoblauchzehen
1 Tl Kreuzkümmel
1 Tl Koriandersaat
400 g Tomaten
250 ml Lammfond
Olivenöl
Zitronensaft
Essig
Salz und Pfeffer

Zubereitung:

Zwiebeln und Knoblauch schälen und hacken. Kreuzkümmel und Koriandersaat in einer Pfanne ohne Fett rösten, bis die Gewürze duften, dann mörsern. Die Tomaten mit siedendem Wasser überbrühen, häuten und in kleine Würfel schneiden.

Das Fleisch würfeln, salzen und pfeffern. Etwas Olivenöl in einer Pfanne erhitzen und das Lammfleisch darin von beiden Seiten braun anbraten. Anschließend das Fleisch in eine Auflaufform geben. Im verbleibenden Öl die Zwiebeln und den Knoblauch glasig braten. Kreuzkümmel, Koriandersaat und die Tomatenwürfel zugeben und alles 5 Minuten schmoren lassen, mit Salz und Pfeffer würzen. Dann die Hälfte des Lammfonds hinzugeben und gut verrühren.

Das Ganze über dem Fleisch verteilen und bei 175°C im vorgeheizten Backofen 1 ½ Stunden schmoren lassen. Dabei nach und nach mit dem restlichen Lammfond übergießen.

Von den Okraschoten zwischenzeitlich die Stiele entfernen und die Schoten in siedendem Essigwasser zwei Minuten lang blanchieren, dann unter fließendem Wasser abspülen und auf Küchenkrepp trocknen. Das ist wichtig, da die Schoten sonst bei der Zubereitung einen unangenehmen Schleim abgeben.

Anschließend in einer Pfanne bei mittlerer Hitze in etwas Olivenöl 3 Minuten braten und mit Salz, Pfeffer und Zitronensaft kräftig abschmecken. Die Okra eine halbe Stunde vor Ende der Garzeit zum Fleisch geben.

Mit frischem Weißbrot servieren.

Enklave des Wohlstands – die Costa Smeralda

Meine zweite Reise nach Sardinien begann auf dem Flughafen von Olbia, der mit gut 60.000 Einwohnern viertgrößten Stadt der Insel, gelegen an ihrer nordöstlichen Küste. Frohgemut verließ ich die Linienmaschine, ein wohliger Hauch lauer Luft empfing mich, und die Sonne strahlte vom Himmel. Wunderbar! Während ich zwischen den anderen Fluggästen die Gangway hinunterschritt, fühlte ich mich wie eine Königin.

Doch ein Blick zur Seite brachte mich schnell zurück auf den Boden der Tatsachen. Auch dort stand ein großes Flugzeug und wurde gerade für den Ausstieg seiner Passagiere vorbereitet. Die Gangway war schon herangerollt worden, doch im Gegensatz zur unsrigen endete diese auf einem roten Teppich. Schon öffnete sich die Flugzeugtür und gab ein elegant gekleidetes Paar mit dunklen Sonnenbrillen frei. Flotten Schrittes eilten die beiden zu dem roten Teppich hinab, wo inzwischen eine schwarze Limousine mit abgedunkelten Fenstern vorgefahren war. Auf mich hingegen warteten das Gedränge am Gepäckrollband und der bescheidene Kleinwagen, den ich gemietet hatte.

Nun ist es ja nicht ganz außergewöhnlich, dass betuchte Reisende auf Flughäfen landen und dort einen bevorzugten Empfang genießen. Was mich in Erstaunen versetzte, war jedoch die schiere Zahl größerer und kleinerer Maschinen, die ich auf dem privaten Teil des Flughafens von Olbia ausmachte. Warum herrschte hier so ein außergewöhnlicher Andrang von Leuten, die sich ein eigenes Flugzeug leisten konnten?

Später, als ich mit meiner sardischen Freundin Isabella bei einem Glas Cannonau auf deren Terrasse saß, wiederholte ich meine Frage. Isabella ist eine resolute Mittfünfzigerin, sie arbeitet für eine sardische Agentur, die Ausflugsfahrten für Touristen organisiert. Deshalb kennt sie ihre Heimat besonders gut.

Sie verzog das Gesicht und nickte. „Sì, sì", seufzte sie, „die Reichen. Sie reißen hier im Hochsommer die Herrschaft an sich. Wenn du mich fragst, ist das nicht gerade angenehm. Fährt man nach Porto Cervo, so kann man sich dort als Normalsterblicher kaum noch eine Karaffe Wein leisten!"

In der Hauptsaison, so fuhr Isabella fort, landeten weit mehr Privatflugzeuge als Linienmaschinen in Olbia. Und zwar keineswegs nur kleine Propellermaschinen, nein, die meisten seien schicke Businessjets. Aber auch so ein großer Privatjet, wie ich ihn bei meiner Ankunft beobachtet hätte, sei beileibe keine Seltenheit. Sogar private Jumbos würden dort landen.

Die privaten Flugreisenden bekommen einen besonderen Service, der rote Teppich ist da nur ein kleines Schmankerl. Der Flughafen hat eine eigene Abteilung, die selbst die ausgefallensten Extrawünsche seiner Stargäste schnell und diskret zu bedienen weiß. Natürlich hat das seinen Preis, aber Geld spielt in diesen Fällen natürlich keine Rolle. Es ist ja erst der Anfang des Luxusurlaubs. Und der setzt sich in einer vornehmen Villa oder einer extravaganten Nobelherberge an der Costa Smeralda fort. Für schöne Häuser in Panoramalage werden hier exorbitante Mieten gezahlt. Und ein Top-Apartment in einem der feinsten Hotels kann locker eine fünfstellige Summe kosten – pro Nacht!

Dieses Preisniveau sorgt dafür, dass die erlauchten Gäste in Porto Cervo unter sich bleiben. Der kleine Ort ist das touristische Zentrum der Costa Smeralda, der zerklüfteten Küste im Nordosten Sardiniens. Sie kennzeichnet neben ihren bizarren Felsformationen und den wenigen feinsandigen Stränden vor allem das smaragdgrün schimmernde Wasser, dem sie ihren Namen verdankt.

„Ach", warf ich ein, „dann ist es bestimmt den vielen Felsen zu verdanken, dass Prominenz und Geldadel an diese Küste reisen. Da kann man sich ja gut verstecken!" Isabella lachte herzlich. „Nein", schmunzelte sie schließlich, „da ist vielleicht etwas dran, aber die wirkliche Ursache ist eine andere." Porto Cervo, so ließ sie mich wissen, ist gar nicht das historische Hafenstädtchen, für das man es halten könnte. Tatsächlich ist es ein reiner Urlaubsort, der erst 1962 entstanden ist. Nun staunte ich nicht schlecht und bat Isabella, mir zu erklären, wie es dazu gekommen ist.

Ihre Schilderung begann mit einem illustren Namen. „Wir verdanken all das Karim Aga Khan IV.", sagte sie und verdrehte dabei die Augen. Karim, 1936 in der Schweiz geboren, ist als Aga Khan der religiöse Führer einer schiitischen Glaubensgemeinschaft. Er steht den ismailitischen Nizariten vor, denen weltweit rund 20 Millionen Moslems angehören. Karim Aga Khan ist zweimal geschieden, seine jeweilige Frau durfte sich mit dem Titel „Begum" schmücken. Obwohl der Aga Khan sich neben seinem religiösen Engagement durch großzügige Stiftungen und Spenden für die Entwicklungshilfe auszeichnet, ist er doch auch ein erfolgreicher Geschäftsmann und weltlichem Prunk durchaus nicht abgeneigt. Sein Privatvermögen wird auf mindestens zehn Milliarden Euro geschätzt.

Wenn man solch eine herausragende Position innehat, dann umgibt man sich natürlich am liebsten mit Seinesgleichen. Als in den Fünfziger- und Sechzigerjahren des vergangenen Jahrhunderts das gemeine Volk das Reisen für sich entdeckte, stellte das für die gehobenen Gesellschaftsschichten eine lästige Beeinträchtigung dar. In diesen Kreisen reiste man nämlich schon längst gerne an die schönen Mittelmeerstrände. Doch mit einem Mal entstanden allerorts Bettenburgen, die die Küstenlandschaft verschandelten, und an den Stränden breiteten Hinz und Kunz ihre Badetücher aus. Ein höchst unerfreulicher Zustand.

In dieser Situation hatte der Aga Kahn eine zündende Idee. Auf einer Mittelmeerkreuzfahrt mit seiner privaten Yacht hatte er die fast unbewohnte Nordostküste Sardiniens entdeckt. Die Sarden sind ja bekanntlich keine Freunde des Meeres, und weil sich diese Küste auch noch so felsig und unzugänglich präsentierte, hatte sie bislang keinen Anreiz zur Besiedlung geboten. Wie sollte man in diesem unwirtlichen Terrain Ackerbau betreiben und seinen Lebensunterhalt bestreiten?

Aus der Sicht sonnenhungriger Urlauber stellte sich die Sache freilich ganz anders dar. Glasklares, smaragdgrünes Wasser und lauschige Buchten, über denen sich Villen mit Panoramablick errichten lassen, Ruhe und Abgeschiedenheit – was will man mehr? Deshalb kaufte der Aga Khan Anfang der Sechzigerjahre kurzerhand ein Landstück von rund 30 Quadratkilometern Größe mit einer Küstenlänge von 55 Kilometern im Nordosten Sardiniens. Er bekam es für einen geradezu lächerlich niedrigen Betrag von den örtlichen Hirten.

Sodann ließ er die Küste zu einem exklusiven Ferienresort ausbauen. Aristokratische Anwesen, Fünf-Sterne-Hotels, edle Restaurants, alles in pseudorustikaler Art erbaut und zu dem gestylt, was distinguierte Herrschaften sich so unter ländlich-mediterranem Ambiente vorstellten. Für die nötige Inspiration sorgten echte sardische Bauernhäuser sowie traditionelle Stilelemente anderer mediterraner Regionen, auf gefällige Weise miteinander vereint. Die Innenräume wurden mit dezenter Eleganz gestaltet, hell, weitläufig und offen, mit viel Marmor und unter strikter Vermeidung von allem Plüsch. Und natürlich alles nur vom Feinsten. Namhafte Architekten entwarfen diese Gebäude nicht nur, sondern trugen auch dafür Sorge, dass sie sich möglichst harmonisch in die Landschaft fügten. Dieser „neosardische Baustil" der Costa Smeralda steht im scharfen Kontrast zu anderen Mittelmeerküsten, die zur gleichen Zeit mit Betonkomplexen verunstaltet wurden.

Für die bequeme Anreise sorgte der eigens zu diesem Zweck erbaute Flughafen von Olbia. Um die entsprechende Klientel nun auch auf die neue Destination aufmerksam zu machen, lud der Aga Kahn sie höchstpersönlich dorthin ein. Er wandte sich dazu an Mitglieder der englischen Königsfamilie genauso wie an schillernde Regenbogenprominenz wie Gunter Sachs oder Jugendidole wie die Beatles. 1977 sprang ihm sogar James Bond persönlich zur Seite, der im Film „Der Spion, der mich liebte" werbewirksame Auftritte an verschiedenen Orten der Costa Smeralda hatte.

Und die Rechnung des Aga Khan ging auf. Die Prominenz fühlte sich von seiner Oase der Exklusivität angezogen wie Motten vom Licht. An der Costa Smeralda trafen sich fortan die Reichen und die Schönen dieser Welt. Wer nicht mit dem eigenen Flugzeug eintraf, der kam mit seiner Luxusyacht. Doch der Aga Khan besaß ein mildes Herz, deshalb dachte er auch an diejenigen, die zwar im Wohlstand lebten, aber dennoch keine adäquate Yacht oder einen eigenen Jet besaßen. Eigens für diese Klientel gründete er eine exquisite Fluggesellschaft, um auch ihr die standesgemäße Anreise nach Sardinien zu ermöglichen.

Auf dem Rest der Insel betrachtete man die Entwicklung indessen mit Argusaugen. Denn an der Costa Smeralda wurde zwar gebaut, und im Servicebereich entstanden viele Arbeitsplätze. Doch die Sarden selbst profitierten kaum davon, nur selten wurden Bauaufträge an lokale Firmen vergeben oder Stellen mit Einheimischen besetzt.

Als die Manager des Aga Khan schließlich weitere Bebauungspläne vorlegten, um das Luxusreisegeschäft noch stärker auszuweiten, regte sich deshalb Protest. Naturschützer traten auf den Plan und forderten den Erhalt der einzigartigen Küstenlandschaft. Der Aga Kahn fauchte. Schließlich hatte er gerade einen weiteren Küstenabschnitt mit 24 Quadratkilometern Landfläche zur Realisierung der neuen Pläne gekauft, und zwar diesmal zu einem durchaus stolzen Preis. Er drohte damit, sein Engagement an der Costa Smeralda gänzlich einzustellen. Mit ein paar Winkelzügen und Besitzumschichtungen versuchte er schließlich, die sardischen Behörden zu umgehen. Doch vergebens. Er sah sich mit strengen Bauauflagen konfrontiert, die eine Explosion der Kosten nach sich zogen. So geriet das Projekt der Costa Smeralda Anfang der Neunzigerjahre in eine finanzielle Schieflage. In der Folge wurde es zerschlagen, die kostbaren Bruchstücke sind inzwischen meist mehrfach verkauft worden. Ausbleibende Genehmigungen für eine weitere Expansion sorgten dafür, dass der Massentourismus an der Costa Smeralda nie Fuß fassen konnte. Der Nimbus der Exklusivität blieb deshalb gewahrt.

„Es gibt inzwischen an die 4.000 Immobilienbesitzer an der Costa Smeralda“, fuhr Isabella fort. „Sie sind im Consorzio Costa Smeralda organisiert, das sich von Anfang an um die Entwicklung dieser Traumwelt kümmerte und inzwischen so funktioniert wie die Eigentümergemeinschaft in einem Apartmentblock. Dieses Konsortium ist für alle Belange zuständig, stellt Regeln auf und sorgt für deren Einhaltung. So müssen zum Beispiel alle Strände öffentlich zugänglich bleiben. Und schon frühzeitig hat das Konsortium ein sündhaft teures Klärwerk gebaut, damit auch ja kein Abwasser ins Meer gerät. Es kümmert sich um die Straßen und die Grünanlagen, bewässert die Rasenflächen und unterhält sogar eine eigene Feuerwehr, die eventuelle Buschbrände schnell und effektiv eindämmen kann. Außerdem achtet das Konsortium darauf, dass nicht jeder einfach baut, wozu er Lust hat."

Dann schenkte sie uns erneut ein und lächelte dabei zufrieden. „Aber das ist auf Sardinien sowieso nicht so einfach. Die Regionalregierung erteilt Baugenehmigungen an der Küste nur unter restriktiven Konditionen. Fehler, die anderenorts gemacht wurden, sollen sich hier nicht wiederholen. Doch sicherlich wird das nicht überall so rigoros umgesetzt wie an der Costa Smeralda. Hier darf kein Gebäude die Baumkronen überragen. Sogar jede Antenne ist genehmigungspflichtig."

Die Costa Smeralda ist bis zum heutigen Tag ein Refugium für diejenigen geblieben, die es sich leisten können. Noch immer trifft sich hier die Schickeria. Filmschauspieler, Rockstars, Wirtschaftsbosse und Hochadel geben sich ein Stelldichein. „Costa rubata" – geraubte Küste – schimpften die Hirten, die das Land einst für ‘n Appel und ‘n Ei verkauften. Doch längst sind die Arbeitsplätze an der Smaragdküste auch für die Einheimischen zu einer lukrativen Einnahmequelle geworden, und das in einer Region, die zuvor kaum die Schafe ernähren konnte, die dort grasten. Der Boom der Costa Smeralda gab zudem den Startschuss für die Entwicklung des Tourismus auf Sardinien. Und die Achtsamkeit des Consorzio Costa Smeralda färbte auf die anderen Regionen der Insel ab. Der ansprechende neosardische Baustil beeinflusste zudem Neubauten rund um die Insel.

„Letztlich ist es also der Costa Smeralda zu verdanken, dass unsere sardische Heimat im Zeitalter des Massentourismus so schön und so ursprünglich geblieben ist", resümierte Isabella. „Und Wein können wir ja auch bei mir zuhause trinken!"

Amaretti sardi – sardische Amaretti

Zutaten:

500 g gemahlene Mandeln
300 g Zucker
4 Eiweiße
5 Tropfen Bittermandelaroma
die fein abgeriebene Schale einer unbehandelten Zitrone
Salz
Zucker zum Wälzen der Amaretti

Zubereitung:

Die Mandeln in einer Schüssel mit dem Zucker, der Zitronenschale und dem Bittermandelaroma vermischen. Die Eiweiße mit einer guten Prise Salz steif schlagen und ebenfalls unter die Mischung ziehen. Die Schüssel abdecken und über Nacht in den Kühlschrank stellen.

Am nächsten Tag mit den angefeuchteten Händen aus der Masse Kügelchen von ca. 3 cm Durchmesser formen, in Zucker wälzen und auf ein mit Backpapier ausgelegtes Backblech setzen. Den Backofen auf 160°C vorheizen und die Amaretti ca. 25–30 Minuten darin backen, bis sie hell goldbraun sind. Vollständig abkühlen lassen und in einer gut verschließbaren Blechdose aufbewahren.

Prozessionen und Korallen – Alghero

„Die Costa Smeralda ist schön, gar keine Frage", sagte Isabella am nächsten Morgen, als wir den Wein vom Vorabend gegen ein Tässchen Espresso eingetauscht hatten. „Aber natürlich ist sie auch eine Scheinwelt. Lass uns heute einen Ausflug machen, dann zeige ich dir ein Stück vom authentischen Sardinien."

Nur zu gerne ließ ich mich auf ihren Vorschlag ein. Wir fuhren westwärts quer durch den Norden Sardiniens, über gewundene Straßen, durch herrliche Wälder und vorbei an bizarren Gebirgsformationen. Ich bewunderte die Korkeichen am Straßenrand, deren frisch geschälte Stämme sich scharf vom knorrigen Geäst ihrer Kronen abhoben. Verwitterte Steinmauern rahmten die Straße, doch wenn sich hinter einer Kurve die Aussicht auf ein neues Panorama auftat, schienen die weiten Ebenen zu Füßen der Berge oft nur Wildnis zu beherbergen, nirgends weitere Spuren menschlicher Zivilisation. Nur hin und wieder erzählte ein honiggelbes Gemäuer oder ein verschlafenes Dorf von den Menschen dieser Gegend. Gerne hätte ich die Ursprünglichkeit der Landschaft näher in Augenschein genommen, doch Isabella drängte zur Weiterfahrt. „Man unterschätzt die Entfernungen auf Sardinien gerne, unser Ziel an der Westküste ist 150 Kilometer entfernt, und weil es hier keine Autobahn gibt, sind wir mindestens zwei Stunden lang unterwegs!“

Dann endlich verriet sie mir, wohin die Reise ging: nach Alghero, einer Stadt mit knapp 44.000 Einwohnern. Das ist nicht besonders groß, ich konnte mir deshalb gut vorstellen, dass es hier noch beschaulich und vielleicht sogar unverfälscht sardisch zugehen würde.

Die breite, von Palmen gesäumte Straße, die uns in die Stadt hineinführte, hinterließ allerdings zunächst einen anderen Eindruck. Flankiert von modernen Villen mit gepflegten Vorgärten wirkte sie wie die Zufahrt in einen der üblichen italienischen Badeorte. Als die Villen sich schließlich zu mehrstöckigen Wohnhäusern verdichteten, schien sich das Bild zu bestätigen. Dann endlich öffnete sich an einem kleinen Rondell der Blick aufs Meer. Isabella fand eine Parklücke, und zu Fuß machten wir uns auf den Weg in die Altstadt.

Sofort war ich verliebt. Kleine Häuser in heiteren Pastellfarben schmiegten sich an die Uferpromenade, die eine Kaimauer vom sanft blauen Wasser trennte. Einladend standen Tische vor Trattorien und Bars, von der Vormittagssonne in freundliches Licht getaucht. Eine ruhige Gelassenheit lag über der Szenerie, nur vereinzelte Passanten flanierten hier entlang, ganz ohne Eile genossen sie die Stille des Vormittags. Lediglich die beiden mächtigen Kanonen und die mittelalterliche Blide, eine große Wurfmaschine, die aufs Meer hin ausgerichtet war, zeugten davon, dass es hier wohl nicht immer so friedlich zugegangen war.

„Alghero hat eine besondere Geschichte“, erzählte Isabella, als wir unter dem Sonnenschirm eines kleinen Restaurants Platz genommen hatten und einen zweiten Espresso schlürften. „Deshalb ist es ganz anders als der Rest von Sardinien, fast wie eine Insel auf der Insel.“

„Ja, man sieht's", erwiderte ich kichernd und wies auf die Flagge, die neben dem Eingang der Bar in der Sonne hing. Ein rotes Kreuz teilte sie in vier Rechtecke auf. Vier schwarze Köpfe im Profil befanden sich in diesen silbrigweißen Feldern, nach links gerichtet und mit Stirnbändern, deren Enden verwegen im Wind flatterten. Aber die Stirnbänder waren verrutscht und verdeckten deshalb die Augen. „Hier scheint ein rebellischer Geist zu wohnen, man hält sich für stolze Piraten. Und verbindet sich die Augen, damit man den Rest der Welt nicht sehen muss!"

„Nein," wehrte Isabella ab und schüttelte den Kopf angesichts meiner offenkundigen Unwissenheit. „Das ist das Wappen Sardiniens, kennst du das nicht?" Doch dann legte sie nachdenklich die Stirn in Falten und nickte langsam. „Aber es ist schon richtig, dieses Wappen hat im Grunde einen besonderen Bezug zu Alghero." Nun hatte sie meine Neugier geweckt und ich bat sie um eine nähere Erklärung.

„Hier sprechen die Leute Algheresisch", begann sie. Lange habe man gedacht, das sei einfach nur ein besonderer Dialekt. Eine Sprache der Armen, verpönt, als im letzten Jahrhundert die Moderne auf Sardinien Einzug hielt. „Dabei ist das Algheresische ein authentisches Zeugnis der Geschichte dieser Stadt. Es ist tatsächlich nichts anderes als die sardische Variante des Katalanischen, nahe verwandt mit Valencianisch, dem Idiom der Stadt Valencia!"

Im Jahr 1354 eroberte nämlich das katalanische Haus Aragon die Stadt Alghero, die es schon seit phönizischer Zeit gegeben hatte. Im frühen Mittelalter war sie von sarazenischen Piraten eingenommen worden, die wiederum Streitkräfte der Republik Genua im 11. Jahrhundert vertrieben, um die Stadt als Festung gegen die konkurrierenden Pisaner auszubauen. Dem machten die Katalanen der Krone von Aragonien ein

Ende. Sie verjagten die einheimische Bevölkerung und siedelten ihre eigenen Leute hier an. Die Stadtbefestigung wurde erweitert und verstärkt, noch heute ist die Altstadt von Alghero an drei Seiten von wuchtigen Mauern umschlossen.

„Das Wappen mit den vier schwarzen Köpfen haben die Katalanen mitgebracht," fuhr Isabella fort. „Es soll auf die Zeit der Reconquista zurückgehen, als die maurische Herrschaft auf der iberischen Halbinsel beendet wurde. Ganz genau weiß man es nicht, aber die ‚vier Mohren' sollen wohl jeweils zurückeroberte Gebiete symbolisieren. Und dass ihre Augen verbunden sind, könnte schlicht auf einen Fehler zurückzuführen sein, der irgendeinem Wappenkünstler vergangener Tage unterlaufen ist." Allerdings wusste auch Isabella nicht, warum sich dieses Emblem ausgerechnet auf Sardinien erhalten hat. Deshalb erzählte sie lieber wieder von den besonderen Reizen Algheros.

„Viele halten es für die schönste Stadt Sardiniens. Bis heute hat sich der Ortskern sein mittelalterliches Gesicht bewahrt, hier erlebt man eine echte Zeitreise in die Epoche des sardischen Königreichs von Aragonien." In Isabellas Stimme schwang spürbar die Bewunderung mit. „Auch wenn sich seit damals eine Menge geändert hat und selbst viele Algheresen nichts mehr von der katalanischen Vergangenheit wissen wollen."

Es gibt heute nur noch geschätzte 12.000 Bewohner der Stadt, die die urtümliche Sprache Algheresisch beherrschen, und meist sind es die älteren Leute. Seit dem letzten Jahrhundert lag es im politischen Interesse, das Italienische in den Vordergrund zu drängen. Während der Zeit des von Mussolini geprägten Faschismus war die Verwendung aller nicht italienischen Sprachen auf Sardinien sogar strengstens verboten. Und noch heute gibt es keine öffentlichen Bestrebungen zum Erhalt des Algheresischen. Es gibt weder Schulunterricht noch

Fernsehprogramme, die Sprache scheint deshalb langfristig zum Aussterben verurteilt zu sein. Einzig die zweisprachigen Straßenschilder lassen das algheresische Gepräge der Stadt noch deutlich werden.

„Dabei hat das Algheresische in der Vergangenheit große Veränderungen überstanden. Im 16. und im 17. Jahrhundert hat die Pest Alghero zweimal fast vollständig entvölkert. Als die Seuche abklang, zogen neue Bewohner ein, und die kamen aus dem restlichen Sardinien. Aber sie machten sich die Sprache von Alghero zu eigen und hielten sie damit lebendig. Selbst dass im 18. Jahrhundert Spanisch zur Amtssprache erhoben wurde, konnte das Algheresische nicht verdrängen."

Aber nicht nur in dieser Sprache spiegelt sich die katalanische Vergangenheit der Stadt. Besonders bemerkenswert ist ihr christliches Brauchtum, das über die Jahrhunderte bewahrt werden konnte. „In der Osterzeit fühlt man sich hier wirklich nach Katalonien versetzt. Zwar gibt es überall auf Sardinien feierliche Osterprozessionen, aber nirgends wirken sie so ausgeprägt katalonisch wie in Alghero", meinte Isabella.

Die Osterfeierlichkeiten dauern hier ganze 20 Tage, doch die wichtigste Zeit stellt natürlich die Karwoche dar. Tag für Tag ziehen dann Prozessionen durch die Stadt. Am Dienstag der Karwoche ist es die Mysterienprozession, und am Donnerstag wird das Kreuz aus der Kirche der Bruderschaft der Misericordia, der sogenannten Germans Blancs, feierlich durch die Stadt getragen. In der Karfreitagsnacht findet dann mit dem „Desclavement" der eigentliche Höhepunkt statt, wobei die Kreuzabnahme und die Grablegung Jesu mit heiligem Ernst nachgestellt werden. Weißgewandete Männer ziehen mit Kneifzangen die Nägel aus Händen und Füßen der Christusfigur im Dom der Stadt und nehmen diese vom Kreuz. Dann wird die Statue in ein Tuch gehüllt und in einen Sarg gebettet, der einst mit einem Schiffswrack vor Alghero angetrieben sein soll. Diesen Sarg tragen die Männer zur Chiesa della Misericordia, gefolgt von einem nicht enden wollenden Prozessionsmarsch der Bruderschaft, der Priester, der Chöre und der einfachen Gemeindemitglieder.

Würdevoll schreiten die Teilnehmer der Prozessionen durch die nächtlichen Gassen der Stadt, die von Fackeln und rot verhüllten Laternen beleuchtet sind. Die „Weißen Brüder", die Germans Blancs, haben zu ihren weißen Kutten die typischen Spitzhauben übergezogen, wobei nur Sehschlitze für die Augen frei bleiben. Diese gespenstisch wirkenden Hauben sollen die Anonymität ihrer Träger während der Bußhandlungen wahren. Die anderen Gläubigen hüllen sich in weiße Gewänder, manche tragen lange Kerzen vor sich her. All die Lichter tauchen die romantische Altstadt von Alghero in ein geheimnisvolles Flair. Begleitet von Musik und Gesang geht es stundenlang durch die rötlich schimmernde Stadt, unterbrochen nur vom Gottesdienst in der Kathedrale.

Ein weiteres religiöses Charakteristikum, das in Alghero seit der Zeit der aragonischen Herrschaft überdauert hat, ist der Gesang der Sybille, der zur Weihnachtsmesse gehört. Mit Solostimme trägt eine Sängerin Prophezeiungen vor, die vom Tag des Jüngsten Gerichts und der Wiederkunft Christi handeln. Diese uralte Tradition war einst im gesamten mittelalterlichen Spanien verbreitet und soll sogar auf eine noch ältere römische Tradition zurückzuführen sein. Überdauern konnte sie aber lediglich auf Mallorca – und in Alghero.

„Nun ja," schmunzelte Isabella und schlug dabei die Speisekarte auf, die der Kellner uns gerade gebracht hatte. Denn inzwischen war es Mittag geworden. „Die katalanische Tradition spiegelt sich nicht nur in solch religiösen Bräuchen, sondern vor allem auch im Essen!"

Ein Blick in die Karte gab ihr recht. Von den traditionellen sardischen Gerichten keine Spur, stattdessen Fisch und Meeresfrüchte bis zum Abwinken. „Seeigel ist die lokale Spezialität, man verwendet für die Speisen deren Eierstöcke." Isabella lachte, denn meine Miene drückte wohl wenig Begeisterung aus. „Wenn dir das zu exotisch klingt, dann probier' doch mal Polpo alla Catalana, das ist ein Tintenfischsalat. Oder die leckere Fischsuppe, die Cassola de Peix. Und außerdem ist besonders Alghero für seine Langusten berühmt, obwohl Langusten überall rings um Sardinien die besten Lebensbedingungen im ganzen Mittelmeerraum finden. Aber hier ist eine richtige Langusten-Hochburg, im Mai und Juni schmecken sie am besten. Besonders lecker sind übrigens auch die Spaghetti neri, das sind schwarze Spaghetti mit noch schwärzerer Meeresfrüchtesauce. Alles mit Tintenfischtinte gefärbt!"

Mein Blick war allerdings längst schon auf die Crema bruciata gefallen, die hiesige Version der Katalanischen Creme, die der französischen Crème brûlée ähnelt, wobei aber nicht Sahne, sondern Milch, Zimt und die Schalen von Zitrusfrüchten verwendet werden. Das klang mir doch deutlich verführerischer.

„Nach dem Essen habe ich noch eine Überraschung für dich!" Isabella hatte ihre Stimme zu einem geheimnisvollen Raunen gesenkt. „Die Küste von Alghero wird auch Korallenküste genannt. Hier sind die Korallen nämlich von intensivem Rot und ganz besonders fest. Deshalb gibt es Kunsthandwerker, die daraus wunderbare Schmuckstücke fertigen. Die werden von den hiesigen Frauen sogar höher geschätzt als alle Juwelen der Welt!"

Doch statt einzukaufen, schlenderten wir nach dem Essen lieber noch ein Weilchen am ortseigenen Strand der Stadt entlang. Der Lido beginnt gleich hinter dem kleinen Hafen, das lichte Türkis des Meeres schien sich geradezu mit den Pastelltönen der Häuser von Alghero messen zu wollen.

Isabella zog es allerdings schon bald wieder zum Hafen zurück. „Wir sollten den Nachmittag nutzen", sagte sie entschieden, „und uns mit dem Boot zur Grotta di Nettuno auf dem Capo Caccia übersetzen lassen. Das ist nur zwölf Kilometer von hier entfernt."

Auf der kleinen Halbinsel des markant aufragenden Capo Caccia gebe es zwei bemerkenswerte Höhlen, ließ Isabella mich wissen. Sie verstieg sich sogar zu der Behauptung, dass eine davon, die „Grotten des Neptuns" – Grotte di Nettuno –, die fantastischste Tropfsteinhöhle des ganzen Mittelmeerraums sei. In deren vier Kilometer langen Gängen und Räumen spiegelten sich die herrlichsten Gebilde im Wasser eines unterirdischen Salzsees.

Einige hundert Meter dieses Höhlensystems sind zugänglich, allerdings muss man in der fast senkrechten Steilwand des Kaps ganze 654 Stufen überwinden, um hinab zu seinem Eingang zu gelangen. „Und nachher wieder hinaufklettern?", fragte ich empört. „Aber nein, keine Angst", beschwichtigte Isabella und grinste dabei neckisch, „wir fahren ja ganz gemütlich mit dem Boot dorthin. Die Höhle liegt nur einen Meter über dem Meeresspiegel, das schaffst sogar du!"

Spaghetti neri – schwarze Spaghetti mit Meeresfrüchten

Zutaten für 4 Personen:

500 g schwarze Spaghetti
600 g gemischte Meeresfrüchte (küchenfertig, frisch oder TK)
300 ml Weißwein
3 Knoblauchzehen
1 Schalotte
3 Tomaten
1 Bd. Blattpetersilie
2 El Sepiatinte (erhältlich in Fischgeschäften, Feinkostläden oder übers Internet)
1 El Tomatenmark
Olivenöl
Salz und Pfeffer

Zubereitung:

Knoblauchzehen und Schalotte häuten und fein hacken. Die Tomaten mit siedendem Wasser überbrühen, häuten, entkernen und in kleine Würfel schneiden. Die Petersilienblättchen abzupfen und fein hacken. Die Meeresfrüchte gründlich waschen und putzen.

In einer Pfanne einen guten Schuss Olivenöl erhitzen. Schalotte und Knoblauch hineingeben und glasig anbraten. Nun die Meeresfrüchte hinzugeben und 8 Minuten bei mittlerer Hitze ringsum braten, aber nicht braun werden lassen. Mit dem Weißwein ablöschen, kurz aufkochen, dann die Hitze reduzieren. Die Sepiatinte und das Tomatenmark unterrühren, danach die Tomaten hinzugeben, mit Salz und Pfeffer abschmecken und 5 Minuten leise köcheln lassen.

Die Spaghetti in siedendem Salzwasser al dente kochen, das Wasser abgießen und die Meeresfrüchtesauce über die Spaghetti geben. Die Hälfte der Petersilie zugeben und alles gut vermengen. Auf Tellern anrichten und mit der restlichen Petersilie überstreuen.

Crema bruciata – gebrannte Creme

Zutaten für 4 Personen:

500 ml Milch
100 g Zucker
4 Eigelbe
die fein abgeriebene Schale einer unbehandelten Zitrone
25 g Stärkemehl
1 Zimtstange
brauner Zucker zum Bestreuen

Zubereitung:

Die Eigelbe in eine Schüssel geben und mit 50 g Zucker gründlich verquirlen. Das Stärkemehl mit einem kleinen Teil der Milch in einen Schüttelbecher geben und beides gut miteinander vermengen. Anschließend mit in die Schüssel geben und alles vermischen.

Die übrige Milch in einen Topf schütten, den restlichen Zucker, die Zitronenschale sowie die zerbröselte Zimtstange hinzugeben und aufkochen lassen. Dann sofort vom Herd nehmen und durch ein Sieb zu der Eigelbmasse in die Schüssel gießen, mit einem Schneebesen kräftig verrühren und alles zurück in den Topf geben. Unter ständigem Rühren köcheln lassen, bis die Masse eine cremige und glatte Konsistenz erreicht hat. Nun in vier Förmchen umfüllen, mit Frischhaltefolie abdecken, abkühlen lassen und danach für mindestens 2 Stunden in den Kühlschrank stellen.

½ Stunde vor dem Verzehr aus dem Kühlschrank nehmen und Zimmertemperatur annehmen lassen. Die Folie entfernen und die Crema mit braunem Zucker bestreuen. Diesen mit dem Handgasbrenner karamellisieren, bis eine knusprige Kruste entstanden ist, dann sofort servieren.

In den Tiefen der Vergangenheit – Nekropolen und Nuraghen

Ist man erst einmal bis Alghero gekommen, so bietet es sich an, noch tiefer in die sardische Vergangenheit einzutauchen. Denn nur zehn Kilometer nördlich der Stadt liegt eine der bedeutendsten Begräbnisstätten aus vorgeschichtlicher Zeit, die der gesamte Mittelmeerraum zu bieten hat. Ihr Name ist Anghelu Ruju.

Jahrtausendelang schlummerte dieser Ort unter Gräsern und Wind. Die Natur hatte die steinernen Gebilde zurückerobert, bedeckt von Grün erschienen sie wie kleine Buckel in der steinigen Landschaft. Doch im Jahr 1903 beschloss der Winzer vom nahen Weingut Sella e Mosca, hier ein Haus zu errichten. Zusammen mit ein paar Arbeitern begann er mit dem Aushub für das Fundament. Es dauerte nicht lange, da brachte ein Schrei des Entsetzens die Männer zum Innehalten. Erschrocken ließen sie die Spaten fallen und eilten zu ihrem Kollegen, der kreidebleich nach unten starrte. Hatte er sich verletzt?

Doch es gab einen anderen Grund für seinen Aufschrei. Dort, wo der Mann gegraben hatte, blickten die hohlen Augen eines Schädels aus dem Erdreich hervor. War hier ein Verbrechen geschehen? Behutsam gruben die Männer weiter, um das restliche Skelett freizulegen. Doch anstelle von Knochen brachten sie ein merkwürdiges Tongefäß ans Tageslicht.

Ein Glücksfall für die Wissenschaft, denn der umsichtige Weinbauer erkannte sogleich, dass es sich hier um ein besonderes Fundstück aus alter Zeit handeln musste. Er gebot seinen Arbeitern Einhalt und verständigte das Amt für Denkmalpflege. Dieses schickte Antonio Taramelli, einen Archäologen, der die Leitung der Ausgrabungen übernahm. Und Taramelli entdeckte seine große Leidenschaft, der er die folgenden 30 Jahre seines Lebens widmen sollte: die Erforschung der sardischen Frühgeschichte.

Die Fundstätte im Baugrund des Winzers erwies sich als wahrhaft einzigartig. Seit Jahrtausenden hatte sie völlig unberührt überdauert, was sie von allen anderen Nekropolen mediterraner Regionen unterschied. Taramelli legte 37 in den Kalkstein des Untergrunds gehauene Felsengräber frei, in denen sich jeweils Überreste von mehreren Toten fanden, außerdem entdeckte er das Einzelgrab einer wohl höhergestellten Persönlichkeit. Zum Vorschein kamen dabei auch zahlreiche Keramiken, Werkzeuge, Waffen und Schmuckstücke, die heute in den Nationalmuseen von Cagliari und Sassari ausgestellt sind. Die Grabstätten selbst strotzen vor religiöser Symbolik, die sich in Felsbildern, Scheintüren und verwitterten Reliefs, außerdem in der Verwendung von roter Farbe manifestierte. Ein wahres Eldorado für die Altertumsforschung!

Anghelu Ruju ist unglaublich alt. Seine Ursprünge finden sich in der Jungsteinzeit, genauer gesagt in einer Epoche, die 5.400 bis 4.800 Jahre zurückliegt. Bei den Schöpfern der Steingräber handelte es sich um Menschen der sogenannten Ozieri-Kultur. Sie stammten von einem Bauernvolk ab, das damals bereits seit Jahrhunderten auf Sardinien lebte. Im Zentrum seines Glaubens standen die Erde als mütterliche Gottheit, die Fruchtbarkeit und Geborgenheit schenkte, außerdem ein Stiergott als Symbol für Willenskraft, Schutz und kriegerische

Stärke sowie das Firmament, in dem sich das Mystische und Unerklärliche widerspiegelte. Zu den Sitten dieser Menschen gehörte es, Verstorbene in Felsengräbern zu bestatten und sie auf diese Weise der Mutter Erde zurückzugeben, die sie fortan behüten und versorgen sollte.

Solche Felsengräber aus neolithischer Zeit finden sich vielerorts auf Sardinien, man nennt sie Domus de Janas – „Feenhäuser“. Sie umschließen kleine, würfelförmige Kammern, die in Felsen hineingeschlagen und deren winzige viereckige Öffnungen mit Steinplatten verschlossen wurden. Sie wirken so putzig, dass man in ihnen leicht die Wohnstätten eines Feenvolks vermuten könnte. Deshalb hielten diese mutmaßlichen Bewohner aus der Anderswelt Einzug in die sardischen Legenden und Mythen. Die geheimnisvollen Feen boten den Menschen Schutz, konnten aber auch Probleme verursachen, wenn man sie nicht angemessen behandelte.

Während die typischen sardischen Feenhäuser meist in senkrechte Felswände gehauen wurden – ein bekanntes Beispiel ist die Nekropole von Montessu im Südwesten Sardiniens –, sind die von Anghelu Ruju in den Untergrund eingelassen. Treppen und Schächte führen zu ihnen hinab. Diesem Umstand verdanken sie es, dass sie überwucherten und bis zu ihrer Wiederentdeckung zu Anfang des letzten Jahrhunderts völlig in Vergessenheit gerieten. In den Neunzigerjahren hat man sie schließlich aufwendig restauriert und umzäunt, sodass sie heute besichtigt werden können.

Anghelu Ruju wirkt wahrhaftig wie eine Stadt der Feen. Man muss über verwitterte Stufen in deren Reich hinabklettern und sich durch Engpässe oder finstere Löcher zwängen, um ihre verborgenen Geheimnisse zu erkunden.

Die Ära der Ozieri-Kultur neigte sich ihrem Ende zu, als das Wissen um die Verwendung von Kupfer auf Sardinien

Einzug hielt. Damit begann das Zeitalter der Bonnanaro-Kultur, während derer die Gräberstadt von Anghelu Ruju weiter genutzt und ausgebaut wurde. Nun lernten die Menschen auch, primitive Keramiken herzustellen, die in Anghelu Ruju gefundenen Stücke stammten aus dieser Epoche. Den Anfang machten dickwandige Schüsseln und Tassen mit spitz zulaufenden Henkeln, die später, etwa um die Wende des zweiten vorchristlichen Jahrtausends herum, mit ersten einfachen Verzierungen versehen wurden.

Die Menschen der Bonnanarozeit nutzten nicht nur weiterhin die alten Domus-de-Janas-Gräberstätten, sie machten sich auch neue Methoden der Grablegung zu eigen. Aus dieser Periode gibt es Megalithgräber in Form von Dolmen oder langgestreckten Galeriegräbern sowie steinerne Sarkophage. Denn die nun verfügbaren Kupferwerkzeuge eröffneten ganz neue Möglichkeiten der Bearbeitung von Stein. Zahlreiche Fundstätten auf Sardinien zeugen von dieser Zeit, zu den spektakulärsten zählen die sogenannten Gigantengräber, die größten Megalithanlagen der Bonnanaro-Kultur. Ein besonders bemerkenswertes und gut erhaltenes Exemplar ist Coddu Vecchiu nahe der nordöstlichen Küste Sardiniens. An dessen zentrale Portal-Stele schließen sich bogenförmig aufgestellte Steintafeln an, hinter denen sich eine steinerne Kammer sowie zwei im spitzen Winkel aufeinander zulaufende Reihen aus Monolithen verbergen.

Die wirklichen Gründe, die die Menschen der damaligen Zeit zum Bau solcher Monumente bewogen, bleiben wohl für immer im Dunkel der Geschichte verborgen. Schon nach etwa 800 Jahren, nämlich um 1600 v. Chr., folgte eine andere Kultur auf die der Bonnanaro, und besonders diese sollte Sardinien ganz maßgeblich prägen. Es ist die Nuraghen-Kultur, benannt nach den runden Türmen, die man überall auf Sardinien entdecken kann.

Entscheidende Veränderungen gaben den Ausschlag für diesen kulturellen Umschwung. Fortschritte in der Schmiedekunst führten dazu, dass das weiche Kupfer von der wesentlich widerstandsfähigeren Bronze abgelöst wurde. Die Möglichkeiten der Handwerker verbesserten sich gravierend. Der technische Fortschritt zog es nach sich, dass die Menschen ihren Erfahrungshorizont erweitern konnten, und das durchaus auch im räumlichen Sinne. Spätestens ab dem 14. vorchristlichen Jahrhundert gab es regelmäßige Kontakte zwischen den Sarden und den Völkern des östlichen Mittelmeerraums. Nicht nur der Handel eröffnete jetzt neue Perspektiven, auch Ideen, Kenntnisse, Erfahrungen und Glaubensvorstellungen erfuhren regen Austausch.

Die Nuragher begannen gleichzeitig, ihre Insel mit Turmbauten zu überziehen. Bis heute streiten sich die Wissenschaftler über Sinn und Zweck dieser Gebilde, die es nur auf Sardinien gibt. Stellten sie eine dem Zeitgeist geschuldete Weiterentwicklung der Domus-de-Janas-Felsengräber, der Dolmen- und Gigantengräber dar? Sind die auf ganz unterschiedliche Weise gebauten Nuraghen also nichts anderes als die Mausoleen jener Epoche? Oder dienten sie vielmehr kultischen Zwecken, sodass man sie als eine Art Tempel betrachten könnte?

Vielleicht sind sie bloß ganz profane Wohngebäude gewesen. Ihre massive und aufwendige Bauweise führt aber zu der Vermutung, dass sie darüberhinausgehende Zwecke erfüllen mussten. So könnten sie auch als wehrhafte Befestigungsanlagen errichtet worden sein. Entstanden sie doch in einer Zeit, als immer mehr Fremde übers Meer bis nach Sardinien vordrangen. Da kann der Verdacht aufkommen, dass die vielen Nuraghen, die man gerade an den Küsten findet, der Verteidigung gegen feindliche Eindringlinge dienten. Welchen Sinn erfüllten in diesem Fall aber die zahllosen Nuraghen, die im

Landesinneren erbaut wurden? Machten etwa umherziehende Banden den Bau solch trutziger Burgen erforderlich?

Falls dies der Fall sein sollte, so muss die Bedrohung wirklich außerordentlich groß gewesen sein. Denn man schätzt, dass es auf Sardinien damals an die 10.000 Nuraghen gegeben hat. Erhalten sind immerhin noch die Überreste von 7.000 solch steinerner Turmbauten. Sie finden sich überall, besonders häufig aber im Bereich vom Nordwesten bis hin zur Mitte der Insel. Kam der Feind also aus nordwestlicher Richtung? Es gibt wirklich viele Fragen, aber leider kaum brauchbare Antworten.

Bestanden die ersten Nuraghen noch aus simplen runden oder ovalen Steinbauten, so wurden Form und Bauweise im Lauf der Zeit immer komplexer. Jüngere Gebäude besitzen einen zentralen Turm, der mit Mauerwerk eingefriedet und von niedrigeren Ecktürmen umgeben ist. Innerhalb der Mauern befindet sich ein Innenhof, oft gibt es hier einen Brunnen.

Die Baumeister fügten große Steinblöcke ohne Mörtel zusammen, nach oben hin verjüngen sich die Türme, was ihnen Stabilität verleiht. Technisch ist ihre Konstruktionsweise so ausgeklügelt, dass viele Gemäuer bis heute erhalten geblieben sind. Oft wurden die Steine in ganz ebenmäßigen Reihen übereinandergeschichtet. Ein Kraggewölbe bildete den kuppelartigen Abschluss am oberen Ende des jeweiligen Turms.

Stets befindet sich der Zugang zu der gesamten Anlage an deren südöstlicher Seite. Weist diese Tatsache auf eine kultische Bedeutung hin oder untermauert sie vielmehr den Verdacht, dass mit einer Bedrohung aus entgegengesetzter Richtung gerechnet werden musste?

Manche Nuraghen weisen kleine Fenster auf. Auf den ersten Blick wirken viele davon wie Schießscharten, sind sie doch nicht mehr als schmale Spalte. Ihre Bauweise – außen schmal und auf der Innenseite breit – ist jedoch genau umgekehrt wie die einer typischen Schießscharte, was wiederum gegen eine solche Funktion spricht.

Den merkwürdigen Fensterschlitzen könnte natürlich auch eine astronomische Bedeutung zugefallen sein. Ein Fenster der aus Basaltblöcken erbauten Nuraghe Sa Jua, die sich zwischen Nuoro und Oristano im Herzen der Insel befindet, erlaubt zum Beispiel genau zum Zeitpunkt der Sommersonnenwende den Eintritt des Sonnenlichts ins Innere des Rundturms. Zufall oder Absicht? Es handelte sich bei dieser Nuraghe einst um ein recht komplexes Gefüge aus einem wuchtigen Hauptturm, einem Nebenturm sowie einem kleinen Rundbau vor dem eigentlichen Haupteingang. Die Rekonstruktion dieses Gebildes erinnert tatsächlich sehr an eine Burganlage.

Ganz in der Nähe davon befinden sich mehrere Gigantengräber, ein Brunnenheiligtum sowie die Nuraghe Losa mit teilweise noch recht gut erhaltenem Mauerwerk. Offensichtlich verdichtete sich an diesem Ort die Besiedlung aufgrund eines Bevölkerungswachstums in der Bronzezeit. Die zunehmende Zahl der Menschen führte schließlich dazu, dass in der Endphase dieser mysteriösen Kultur immer mehr Nuraghen zu Komplexen zusammengefügt wurden, die dorfähnliche Strukturen aufwiesen. Einer der beachtlichsten ist Su Nuraxi auf einer zentralen Hochebene in der Provinz Sud Sardegna.

Je weiter die Zeit fortschritt, desto mehr verlor die eigentliche Nuraghe gegenüber ihren Nebengebäuden an Bedeutung. Diese, die meist aus runden Steinhütten bestanden, wurden nun in immer höherer Zahl gebaut und schlossen sich zu Dörfern von beträchtlicher Größe zusammen. Die umfangreichsten Siedlungen boten Platz für bis zu 1.000 Bewohner. Ihr Vorhandensein liefert ein weiteres Argument dafür, dass auch die ursprünglichen Nuraghen keine Sakralbauten, sondern nichts anderes als gut geschützte Wohntürme waren.

Was ihre tatsächliche Funktion gewesen sein mag, werden wir vermutlich nie erfahren. Die alten Mauern hüten ihre Rätsel und Mysterien in Jahrtausende währendem Schweigen. Umso großzügigeren Raum eröffnen sie unserer Fantasie. Und geben gemeinsam mit den noch älteren Nekropolen ein Zeugnis von der wahrhaft steinalten Kultur der Menschen auf Sardinien.

Fregola con zucchine e salsicce – sardische Pasta mit Zucchini und Bratwurst

Zutaten für 4 Personen:

400 g Fregola Sarda (sardische Pasta, erhältlich in italienischen Feinkostläden oder übers Internet)
4 Salsicce (italienische Bratwurst, ersatzweise grobe Schweinsbratwürste)
300 g kleine Zucchini
250 g Cherrytomaten
200 ml Weißwein
100 g geriebener Pecorino
2 Zwiebeln
2 Knoblauchzehen
2 Zweige Rosmarin
3 Safranfäden
Olivenöl
Salz und Pfeffer

Zubereitung:

Die Zucchini waschen, längs halbieren und in dünne Scheibchen schneiden. Knoblauch und Zwiebeln häuten und fein hacken. Die Tomaten waschen. Die Fregola nach Packungsanweisung al dente kochen und abschütten, gut abtropfen lassen.

In einer großen Pfanne einen Schuss Olivenöl erhitzen. Die Zwiebeln hinzugeben und glasig anbraten. Nun die Zucchini hinzufügen und braten, bis sie leicht gebräunt sind. Dann den Knoblauch dazugeben und kurz mitbraten. Mit dem Weißwein ablöschen und die Safranfäden hinzugeben. Die Hitze reduzieren, salzen, pfeffern, die Fregola und die Tomaten untermischen. Bei milder Hitze 10 Minuten köcheln lassen.

In der Zwischenzeit in einer weiteren Pfanne Olivenöl erhitzen und die Salsicce zusammen mit dem Rosmarin bei mittlerer Hitze braten, bis sie gut gebräunt sind.

Zum Schluss den Pecorino unter die Fregola heben und zusammen mit den Salsicce in tiefen Tellern anrichten.

Weißer Esel im Hochsicherheits-trakt – die Insel Asinara

Früh am Morgen stehe ich im kleinen Hafen von Stintino. Träge kräuseln sich die Wellen in der Bucht, das Wasser glänzt tiefblau in der Morgensonne. Ich warte auf meine Überfahrt nach Asinara. Denn heute ist ein besonderer Tag, vor mir liegt ein Naturerlebnis, das seinesgleichen sucht.

Pünktlich legt das Boot ab, außer mir sind jetzt im Oktober nur sehr wenige Reisende mit an Bord. Ohnehin verirren sich nicht allzu viele Touristen nach Asinara, und wer die Insel vor Sardiniens Nordwestküste erkunden will, der bucht seine Tour am besten vorab. Ganz Asinara steht unter strengem Naturschutz; bewegt man sich auf der Insel, so sollte man unbedingt die vorgegebenen Regeln beherzigen. Sie ist in drei Schutzzonen unterteilt, in denen jeweils eigene Vorgaben gelten. Wer sich nicht daran hält, den erwarten empfindliche Geldstrafen, denn ständig patrouillieren Aufseher sowohl auf der Insel als auch auf dem Meer vor deren Buchten.

Kennt man sich aber mit den Bestimmungen aus, so kann man auf verschiedenen Pfaden Rundwanderungen oder Fahrten mit einem der E-Bikes unternehmen, die gleich am winzigen Hafen von Cala d'Oliva vermietet werden. Wichtig ist es dabei, die Wege nicht zu verlassen. In der strengsten Schutzzone darf man zudem unter keinen Umständen auf die Vegetation treten oder gar ein Blümchen pflücken. Auch sind die Buchten in dieser Zone tabu, man darf nicht einmal mit dem Ruderboot hineinfahren, und natürlich ist auch das Baden dort strengstens verboten. Überhaupt ist das Baden auf ganz Asinara nur in drei Buchten gestattet, und mit privaten Booten anzulanden, ist nicht erlaubt. Wer auf Nummer sicher gehen will, der bucht eine geführte Wanderung, einen Ausritt oder eine Jeeptour mit kundigem Guide. In der Hauptsaison fährt sogar ein „Zug“, eines dieser typischen Touristenbähnchen für die Straße, das etwa sechs Stunden für die Rundfahrt mit ein paar Zwischenstopps benötigt. Währenddessen sitzt man auf harten Holzbänken, umweht von den Dieselabgasen des Lokomotivfahrzeugs. Diese Art der Fortbewegung erschien mir deshalb weniger erstrebenswert, weshalb ich mich für eine Jeep-Exkursion entschieden habe.

Unser Bootsführer heißt Nunzio. Während der 20-minütigen Überfahrt plaudert er ununterbrochen, und dabei erfahren wir nicht nur allerhand über ihn und seine Familie, sondern vor allem über die Besonderheiten unseres Reiseziels. Er selbst stamme von den Bewohnern Asinaras ab, lässt Nunzio uns wissen. Seine Ahnen seien sardische Fischer gewesen, die irgendwann um das Jahr 1600 herum das Dorf Cala d'Oliva in einer geschützten Bucht im Nordosten der Insel gegründet hätten. Asinara ist eigentlich nur ein kleines Inselchen, rund 15 Kilometer lang und dabei gebogen wie eine Banane. Nur im Norden und im Süden hat es eine nennenswerte Breite, die aber auch nie mehr als fünf Kilometer beträgt. An seiner schmalsten Stelle sind es nicht mehr als 300 Meter. Und trotzdem ist Asinara eine ganz besondere Insel.

Fast 300 Jahre führten Nunzios Vorfahren ein beschauliches Dasein in ihrem abgeschiedenen Fischernest. Die reichen Fischgründe ernährten sie gut, außerdem hüteten sie ein paar Schafe und Ziegen. Doch im Jahr 1885 wurden sie ganz unvermittelt gezwungen, ihr Dorf aufzugeben. Der italienische Staat annektierte die Insel, und der hatte andere Pläne mit dem friedlichen Eiland. Zu dieser Zeit lebten 57 Familien in Cala d'Oliva. Jeder von ihnen wurden 750 Lire als Entschädigung in die Hand gedrückt, was nach heutigen Maßstäben einem Gegenwert von knapp 3.400 Euro entspricht. Außerdem gewährte man ihnen die Möglichkeit, an Sardiniens naher Nordküste ein neues Dorf zu erbauen. Ein Teil der Menschen bevorzugte es, nach Sassari oder Porto Torre zu ziehen. Aber 45 der Familien nahmen das Angebot an, und so entstand der Ort Stintino auf der kleinen Landzunge, die ganz im Nordwesten Sardiniens noch ein Stückchen weiter nach Norden hinausragt.

Inzwischen schippern wir auf unserem Weg nach Cala d'Oliva an der zerklüfteten Küste von Asinara entlang. Hin und wieder verbergen sich einsame Traumstrände in kleinen Buchten mit aquamarin leuchtendem, kristallklarem Wasser. „Hier im Osten der Insel ist die Küste sanft", setzt Nunzio seine Ausführungen fort, „während sie im Westen viel schroffer ist. Teilweise gibt es dort ziemlich hohe Klippen. Weil die Insel so gebogen und ihre Ufer vielfach gewunden sind, hat sie auch ihren Namen bekommen. Nichts anderes als ‚sinusförmig' bedeutet nämlich das lateinische Wort ‚sinuaria', von dem der Name Asinara herrührt." Dann lacht Nunzio. „Weniger schön ist die Bedeutung des Begriffs, von dem der Name Stintino abgeleitet wurde. Er stammt aus dem sassaresischen Idiom, das eine Art Übergangssprache zwischen dem Sardischen und dem Korsischen darstellt. ‚Isthintini' bedeutet in dieser Sprache nichts anderes als ‚Darm'. Naja, wegen dieser kurzen und dicken Landzunge, auf der unsere Gemeinde liegt", erklärt er kichernd. „Meine Vorfahren waren nicht so beglückt darüber, dort hinziehen zu müssen, und vielleicht haben sie deshalb diesen despektierlichen Namen gewählt."

„Aber warum mussten sie denn eigentlich übersiedeln?", unterbreche ich seinen Redefluss. Nunzio legt die Stirn in Falten. „Weil der italienische Staat der Meinung war, er müsse ganz Asinara in ein einziges Gefängnis verwandeln!"

Für diesen Zweck erschien die Insel geradezu ideal. Nur ganz im Süden kommt sie Sardinien nahe, wobei es dort noch die kleine zwischengelagerte Insel Piana mit einem Wachturm aus dem 16. Jahrhundert gibt. Ansonsten ist anderes Land in weiter Ferne. Zudem lebten nur rund 500 Menschen auf Asinara, und die ließen sich relativ problemlos umsiedeln. „Meine Vorfahren waren natürlich überhaupt nicht begeistert davon, dass ihre Heimat in einen Knast verwandelt werden sollte", schimpft Nunzio. „Und nicht nur sie. Auf ganz Sardinien wurde heftig gegen die Pläne protestiert. Aber es nutzte nichts."

Überall auf Asinara verteilt entstanden in der Folgezeit Baracken, um Delinquenten aufzunehmen. Die Leute mussten Zwangsarbeit in der Landwirtschaft leisten. Und nicht nur Straftäter verbannte man nach Asinara, sondern auch Menschen, die von ansteckenden Krankheiten wie Typhus oder Tuberkulose befallen waren. Sie wurden dort kurzerhand in Quarantäne gesteckt. Das Wachpersonal bezog die alten Häuser in Cala d'Oliva und brachte Kühe, Pferde, Ziegen und Schafe auf die Insel, aber auch Wildschweine und Mufflons.

„Der Plan ging auf. Nur ein einziges Mal gelang einem Verbrecher die Flucht von Asinara, und zwar erst 100 Jahre später, nämlich 1986." Nunzio schüttelt den Kopf, aber das Blitzen in seinen Augen verrät eine gewisse Bewunderung. „Matteo Boe, ein sardischer Gangsterboss. Seine Frau hat ihn mit einem Schlauchboot abgeholt. Aber das hat ihm nur vier weitere Haftjahre eingetragen, denn er wurde einige Zeit später auf Korsika wieder erwischt."

Die Haftbedingungen auf Asinara erwiesen sich zunächst alles andere als erfreulich. Die Küstenregionen waren sumpfig, erst Jahre später wurden sie trockengelegt. In diesen Sümpfen fanden Malariamücken optimale Bedingungen, entsprechend zogen Infektionen unter den Häftlingen viele Todesfälle nach sich.

Besonders schrecklich war die Situation der Kriegsgefangenen im Ersten Weltkrieg. Damals mussten sich 50.000 österreichisch-ungarische Soldaten von der serbischen Front im Winter auf einem Todesmarsch in Richtung Italien begeben. Die Hälfte von ihnen starb unterwegs an der Cholera, weitere 1.500 kamen bei der Überfahrt von der Küste Albaniens nach Asinara ums Leben. Nur 24.000 erreichten die Insel, die aber auf eine solch hohe Zahl von Gefangenen gar nicht vorbereitet war. Als die Männer schließlich im darauffolgenden Sommer an Frankreich übergeben wurden, lebten nur noch 16.000 von ihnen.

Die Fortschritte in der Medizin machten es schließlich überflüssig, Seuchenkranke nach Asinara zu schicken. Trotzdem diente die Insel weiterhin als Hochsicherheitsgefängnis, entsprechende Gebäude entstanden in den Siebzigerjahren. Hier wurden vorwiegend Mafiosi festgesetzt, und alle vier Wochen kamen neue Wächter. Durch diese Maßnahme sollte verhindert werden, dass sich persönliche Beziehungen zwischen den Häftlingen und ihren Aufsehern entwickeln konnten. Doch 1997 löste der Staat die Haftlager endgültig auf.

„Für die Menschen muss die Gefangenschaft auf Asinara sicherlich schrecklich gewesen sein", sagt Fiorenza, die junge Frau, mit der ich kurze Zeit später im Jeep über die Insel cruise. Wir haben den winzigen Küstenort verlassen und fahren an einigen Gebäuden der ehemaligen Strafkolonie vorbei. „Viele Gefängnisbauten stehen heute leer, aber in diesen hier befindet sich der Sitz der Parkverwaltung. Und genau darin besteht der Segen! Asinara wurde nämlich sofort zum Naturschutzgebiet erklärt, als die letzten Gefangenen abtransportiert worden waren. Und wäre sie nicht bis fast zur Jahrtausendwende eine Gefängnisinsel gewesen, dann hätte man auch Asinara mit Sicherheit touristisch erschlossen. Schließlich sind die weißen Strände der Insel einmalig schön."

So aber blieb die Ursprünglichkeit der Natur Asinaras erhalten. Die Schafe verschwanden von der Insel, seit 2012 gibt es auch keine Kühe mehr. Das schuf Lebensraum für die ursprünglichen Bewohner, zum Beispiel Schildkröten. Für sie gibt es jetzt eigens eine Station, die sich um den Schutz der selten gewordenen Arten des Mittelmeerraums und die Pflege kranker Tiere kümmert. Außerdem ist die Insel ein Refugium für zahlreiche Vogelarten, darunter Rebhühner, Wanderfalken und Silbermöwen.

„Es gibt einen schönen Steineichenwald im Norden", erklärt Fiorenza, als wir ausgestiegen sind, um die Flora näher zu betrachten. „Ansonsten ist die Insel nur von niedriger Macchia bedeckt. Hier und da ragen ein paar Granitblöcke daraus hervor", fügt sie hinzu und weist auf ein steinernes Gebilde, das sich vor dem indigoblauen Meer abhebt, wo man Korsika in der Ferne erahnen kann.

„Es gibt zwei Gewächse, die Asinara prägen", fährt sie fort. „Das ist zum einen die Dornige Flockenblume, die im Frühsommer weiße und hellrosa Blütenteppiche bildet. Und zum anderen die Baum-Wolfsmilch, die dafür sorgt, dass Asinara auch im Winter grün ist. Sie wächst nämlich sozusagen umgekehrt. Im Frühjahr blüht sie zunächst gelb, danach färbt sich die ganze Pflanze leuchtend rot. Bis zum Sommer wirft sie alle Blätter ab und treibt erst im Herbst wieder aus. Im Winter wächst sie dann kräftig.“ Wir stehen gerade vor einem solchen Gebüsch, an den Spitzen der bleichen Äste sprießen jetzt im Oktober frische, fleischige Blättchen.

„Die Wolfsmilch ist allerdings giftig. Deshalb verschmäht sie der dort drüben.“ Fiorenza grinst verschmitzt und weist auf einen nahen Hügel. Und tatsächlich, dort blitzt es weiß zwischen den verzweigten Ästen der Wolfsmilch-Gewächse. Dann tritt er auch schon zwischen ihnen hervor, einer der Gründe, weshalb ich nach Asinara gekommen bin: ein Esel.

Fiorenza ist sichtlich erfreut, dass wir schon so bald dieses erste Exemplar zu sehen bekommen. „Manche glauben, dass die Insel ihren Namen den Eseln verdankt. Das italienische Wort für Esel heißt ja schließlich ‚asino‘. Trotzdem ist der Name wohl lateinischen Ursprungs.“

Die Esel von Asinara stammen von sardischen Eseln ab, die Siedler einst auf die Insel gebracht haben. Genauso verhält es sich mit den Wildpferden, die es noch heute auf Asinara gibt. Doch die Esel sind wirklich bemerkenswert. Viele von ihnen sind nämlich schneeweiß! Und nirgends auf der Welt gibt es eine solche Ansammlung von wilden weißen Eseln wie hier auf Asinara. Rund 120 Individuen sind es, die über die Insel streifen.

Möglich gemacht hat das die völlige Isolation, in der die Esel hier leben. Die weiße Farbe wird durch eine Mutation hervorgerufen, die Fachleute als Leuzismus bezeichnen. Die Haut verliert dabei ganz ähnlich wie beim Albinismus ihre Fähigkeit, Farbpigmente zu bilden. Sie ist rosig und kann nur weiße Haare hervorbringen. Die Augen der Tiere sind blau, ihre Sehfähigkeit ist stark eingeschränkt. Leider sind die weißen Esel auch anfälliger gegenüber Krankheiten, weshalb es auf der Insel eigens eine Krankenstation für sie gibt. Außerdem sind ihre Beine etwas kürzer geraten, dennoch können sie schneller laufen als graue Esel.

Der weiße Esel, den wir gerade sehen, tut das aber nicht. Die Esel von Asinara haben keine Angst vor Menschen und laufen nicht weg. Man kann sie deshalb ausgiebig bestaunen. Seit Schafe und Rinder von der Insel verschwunden sind, müssen sie zudem nur noch mit Hasen, Ziegen, Wildschweinen, Wildpferden und Mufflons ums Futter konkurrieren. Und natürlich mit ihren grauen Artgenossen, deren besonderes Kennzeichen die dunkle Linie ist, die den Aalstrich auf dem Rücken im Schulterbereich kreuzt. Weil die Insel auf den zweiten Blick doch gar nicht so klein ist, finden die Esel – ob weiß, ob grau – hier im Naturschutzgebiet wahrhaft paradiesische Zustände.

Auf einer kleinen Anhöhe haben wir uns zum Picknick niedergelassen. Ich packe meinen mitgebrachten Proviant aus, denn auf Asinara kann man nichts kaufen. Es gibt nur ein einfaches Hostel in Cala d'Oliva, wo Gäste auch ein bescheidenes Abendessen bekommen.

Die Aussicht, die wir von unserem Rastplatz über die grüne Insel und das türkis strahlende Wasser in den Buchten mit ihrem schneeweißen Sand genießen, ist wirklich fantastisch. Auf einem Plateau ganz in der Nähe lassen einige Domus de Janas aus dem vierten vorchristlichen Jahrtausend erkennen, dass Nunzios Ahnen nicht die ersten Menschen gewesen sind, die sich auf Asinara angesiedelt haben. Auch in nuraghischer und römischer Zeit war die Insel bewohnt. Doch wegen der ständigen Überfälle durch die räuberischen Sarazenen wanderten die Menschen im 7. Jahrhundert ins Hinterland Sardiniens ab.

„Vergiss nicht, alles wieder einzupacken", mahnt Fiorenza, als wir nach einer Weile aufbrechen wollen. Niemand darf etwas auf Asinara zurücklassen, aller Abfall muss bei der Rückfahrt wieder mitgenommen und auf Sardinien entsorgt werden. Fiorenza achtet penibel darauf, dass wir keine Spuren hinterlassen.

„Diese Insel gehört der Natur. Wir Menschen sind hier nur für die Dauer eines kurzen Besuchs geduldet. Die offizielle Einwohnerzahl beträgt dem letzten Zensus zufolge nämlich genau eine einzige Person.“ Umso mehr weiß ich das Privileg zu schätzen, diese unberührte Schönheit erleben zu dürfen.

Pane carasau – sardisches Brot

Zutaten:

300 g Mehl
200 g fein gemahlener Hartweißengrieß
1 Würfel Hefe
Salz

Zubereitung:

Mehl und Hartweißengrieß in eine Schüssel geben, salzen (mit ca. 1 Tl) und alles gut vermengen. Die Hefe in 300 ml handwarmem Wasser auflösen und hinzugeben, dann mit den Händen alles 5 Minuten lang gründlich miteinander verkneten. Abdecken und an einem warmen Ort 1 Stunde gehen lassen.

Nun noch einmal durchkneten, danach den Teig in 6 Teile teilen. Jedes davon zu einer Kugel formen und auf einem Stück Backpapier hauchdünn kreisrund ausrollen. Die 6 Backpapiere übereinanderlegen, abdecken und 20 Minuten ruhen lassen.

Den Backofen auf 240°C vorheizen und dann die einzelnen Teigfladen auf dem Backpapier nacheinander jeweils 2–3 Minuten mit Umluft backen. Herausnehmen, wieder übereinanderlegen und komplett abkühlen lassen.

Anschließend noch einmal jeweils 2 Minuten bei höchster Temperatur backen. Erneut alle Brote übereinanderstapeln und abkühlen lassen, erst danach vom Backpapier nehmen.

Kühl, luftig und trocken lagern, keinesfalls in einer Plastiktüte oder in einem abgeschlossenen Behälter. Sollte das Brot weich werden, so kann man es noch einmal kurz aufbacken.

Man verspeist das Pane carasau zu Antipasti oder Käse. Man kann es auch vor dem Verzehr mit etwas Salz, Olivenöl und gehackten Rosmarinnadeln bestreuen, 2 Minuten aufbacken und warm verspeisen.

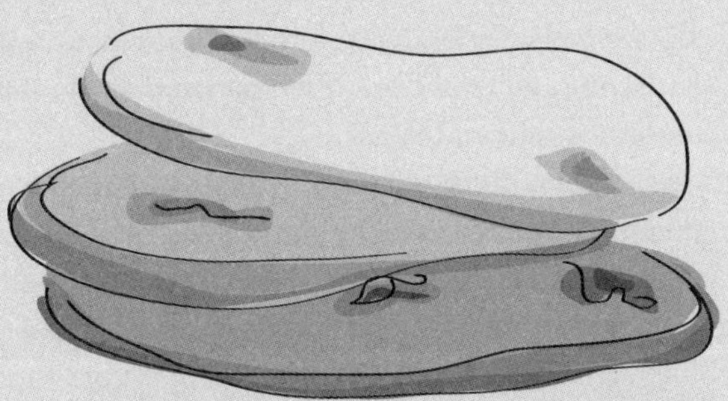

Blut und Farbeimer – im wilden Hinterland

Nuoro, so sagt man, sei das Herz Sardiniens. Die kleine Stadt liegt im Landesinneren, umgeben von spektakulären Gebirgen sowie der Barbagia, einer rauen, felsigen Hochebene. Ein abgeschiedenes, unnahbares Land, die Heimat von Wildpferden, Mufflons und streunenden Eseln.

Es ist aber auch das Reich der Hirten. Gigantengräber, Nuraghen und Menhire zeugen davon, dass Menschen schon seit langer Zeit hier beheimatet sind. Und es scheint, dass diese Landschaft einen ganz besonderen Menschenschlag hervorgebracht hat. Ihre Bewohner sind genauso eigenwillig und unbezähmbar wie sie selbst. Schon die Römer mussten unliebsame Erfahrungen mit dem unbeugsamen Willen der Einheimischen machen, deshalb gaben sie der Barbagia ihren Namen. Denn der bedeutet nichts anderes als „Land der Barbaren". Hier versteckten sich die Sarden vor den Truppen der Karthager und der Römer, vor den Sarazenen genauso wie vor allen Eindringlingen späterer Zeiten. Und sollte sich dennoch ein Außenstehender in die schwer zugängliche Gegend verirrt haben, so wussten sie sich zu wehren.

Von Eroberern gemieden, lebten die Einheimischen jahrtausendelang weitgehend isoliert von der Außenwelt. So konnten sie ihre urtümlichen Bräuche und ihre Lebensweise bewahren, und vielfach werden diese Gepflogenheiten bis zum heutigen Tag sorgsam gehegt. Hier besitzt man einen ausgeprägten Stolz und wahrt selbstbewusst die eigenen Grundsätze. Durch den unbedingten Willen, sich keinerlei Regeln unterzuordnen, die von außen aufoktroyiert werden, hat sich ein ausgeprägt rebellischer Geist kultiviert.

Doch das bedeutet nicht, dass etwa auch die eigenen Gesetze dieser Gesellschaft ignoriert werden könnten. Im Gegenteil, ein jeder hat sich der streng hierarchischen Ordnung zu unterwerfen. Welche Härten das mit sich bringen kann, schildert der 1938 geborene Gavino Ledda sehr eindringlich in seinem autobiografischen Roman „Padre Padrone", der durch die vielfach ausgezeichnete Verfilmung von 1977 berühmt wurde. In 40 Sprachen übersetzt entwickelte sich das Werk zum Weltbestseller.

Eine Atmosphäre besonderer Schwermut durchdringt die Schilderung von Leddas Jugend in den wilden Bergen Nordsardiniens. Unerbittlich entreißt der strenge Vater seinen Sohn der sorgenfreien Kindheit und verhindert darüber hinaus dessen Schulbesuch, indem er ihn im Alter von sechs Jahren zum Schafehüten abkommandiert. Auf sich allein gestellt durchzieht der Knabe mit seiner Herde das einsame Bergland, bis sein jüngerer Bruder endlich alt genug ist, um ihn ablösen zu können. Von nun an muss Ledda harte Arbeit in der Landwirtschaft verrichten.

In der zweiten Hälfte der Fünfzigerjahre reift er langsam zum Erwachsenen. Eine Aufbruchstimmung liegt in der Luft und hat die Jugend der westlichen Welt erfasst, und sie ist selbst bis ins Landesinnere Sardiniens vorgedrungen. Viele junge Leute machen sich auf den Weg, verlassen die Heimat und suchen ihr Glück in der verheißungsvollen Ferne moderner Städte. Auch Gavino Ledda wird von diesem Sog erfasst, doch er ist erst 18 und damit noch nicht volljährig. Sein Vater verbietet ihm kurzerhand, die Heimat zu verlassen.

Seinen trotzigen Willen kann er dem Sohn dennoch nicht nehmen. Mit 20 meldet sich Ledda zum Militärdienst und wird auf dem italienischen Festland stationiert. Hier lernt er endlich lesen und schreiben. Das Lernen bereitet ihm wenig Probleme, zumal er von einer starken Motivation angetrieben ist. Doch die anderen jungen Soldaten machen es ihm nicht leicht. Sie hänseln ihn und drängen ihn in eine Außenseiterrolle. Denn Ledda ist nicht nur völlig ungebildet, er ist auch des Italienischen nicht mächtig.

Die Sprache seiner Heimat ist nämlich das Sardische. Dieses hat viele Strukturen und Laute des Lateinischen bewahrt, im Laufe der Zeit sind auch einige spanische und katalanische Elemente eingeflossen. Das Sardische entwickelte sich als eigenständige Sprache aus dem Vulgärlatein und ist keineswegs, wie früher angenommen wurde, eine Dialektform des Italienischen. Noch heute sprechen mehr als eine Million Sarden diese Sprache, die wiederum in verschiedenen Mundarten existiert. Weil Sardinien rund 1,6 Millionen Einwohner hat, sind die meisten Sarden zweisprachig. Italienisch gilt nämlich schon seit 1760 als die offizielle Amtssprache auf der Insel. Doch die Sarden ließen sich ihr eigenes Idiom nicht nehmen, alle diesbezüglichen Maßnahmen scheiterten. Und gerade im Landesinneren verweigerten sie es über lange Zeit hinweg vehement, die italienische Sprache zu akzeptieren, die sie als aufgezwungen empfanden. Noch heute begegnet uns das Sardische überall auf der Insel in ungewöhnlich klingenden Namen und Ortsbezeichnungen. Weibliche Substantive enden beispielsweise auf -u, die bestimmten Artikel lauten im Singular „su“ oder „sa“.

So kam es, dass Gavino Ledda nur Sardisch sprach und Italienisch von der Pike auf lernen musste. Mit eiserner Willenskraft gelang ihm nicht nur das, er holte auch einen Schulabschluss nach, absolvierte einen Unteroffizierslehrgang und schloss eine Ausbildung zum Radiotechniker ab. Doch als er schließlich nach Hause zurückkehrte, eskalierte der Streit mit dem Vater. Dieser hielt nicht nur alle Bildung für nutzlos, er warf seinem Sohn darüber hinaus Faulheit vor und unterstellte ihm, sich bloß vor der Arbeit drücken zu wollen.

Deshalb ergriff Ledda erneut die Flucht und setzte seine Ausbildung auf dem italienischen Festland fort. Und zwar mit großem Erfolg. Rein autodidaktisch bereitete er sich auf die Abiturprüfungen vor und nahm anschließend ein literaturwissenschaftliches Studium auf. Er promovierte, arbeitete an der Universität Cagliari und begann seine schriftstellerische Tätigkeit. Nach dem großen Erfolg seines Buchs kam er zurück in sein Heimatdorf Siligo, das in den Bergen nordwestlich von Nuoro liegt. Hier lebte er nun als Schriftsteller und Bauer.

Als das umliegende Weideland im Jahr 2005 teils bebaut, teils zur Müllhalde umfunktioniert werden sollte, machte er sich für den Schutz seiner Heimat und ihrer Natur stark. Doch nicht jeder seiner Mitbürger wusste dieses Engagement zu schätzen. In der Folge wurden sogar Schüsse auf sein Haus abgegeben. Er ließ sich davon zwar nicht beirren, doch zeigte es ihm einmal mehr, dass in seiner Heimat ganz eigene Gesetze gelten. Hier ist es nicht unüblich, das Recht in die eigene Hand zu nehmen.

Denn das sardische Hinterland ist auch die Heimat von Briganten. Einer der berühmtesten war Giovanni Corbeddu Salis, der 1844 im Dorf Oliena geboren wurde, etwa acht Kilometer südöstlich von Nuoro. Seine Laufbahn als Gesetzloser begann vielleicht rein zufällig durch eine fragwürdige Anschuldigung. Ob er tatsächlich schuldig war, konnte nie geklärt werden. Jedenfalls bezichtigte man ihn des Viehdiebstahls, woraufhin er sich in einer 130 Meter langen Tropfsteinhöhle unweit seines Dorfs versteckte. Hier sollte man später menschliche Knochen entdecken, die mit einem Alter von 20.000 Jahren den ältesten Beweis der Existenz des Homo sapiens auf Sardinien erbrachten. Aber nicht etwa diese bedeutenden Fundstücke gaben der Höhle ihren Namen. Sie heißt heute Corbeddu-Höhle, nach Giovanni Corbeddu Salis. Der machte sie nämlich zu seinem Hauptquartier und zum Ausgangspunkt für die Verbrechen und Gaunereien, die er in den folgenden 18 Jahren begehen sollte.

Doch er ging keinesfalls nur als finsterer Geselle in die sardischen Legenden ein. Angeblich mit hoher Weisheit gesegnet, soll er auch als Streitschlichter und Friedensstifter gewirkt haben. Darüber hinaus soll er seine Beute unter den Bedürftigen verteilt haben. So avancierte er zu so etwas wie einem sardischen Robin Hood. Allerdings konnte ihn das nicht davor bewahren, im Jahr 1898 von Carabinieri in den Bergen bei Orgosolo gestellt und auf der Flucht erschossen zu werden.

Dieser Giovanni Corbeddu Salis sticht als schillernde Persönlichkeit aus einer langen Reihe von Banditen hervor, die das schon legendäre Brigantentum dieser Gegend geprägt haben. Als Hochburg der Gesetzlosigkeit gilt jene Ortschaft Orgosolo, die etwa 13 Kilometer südlich von Nuoro in der Barbagia liegt. Die Umtriebe, die dort herrschten, konnte der Regisseur Vittorio de Seta 1960 mit seinem Dokumentarfilm „Banditi a Orgosolo" einem größeren Publikum bekannt machen, denn der Film erhielt eine Auszeichnung bei den Internationalen Filmfestspielen in Venedig. De Seta schildert den Werdegang eines Hirtenjungen aus Orgosolo, der anders als Gavino Ledda keine akademische Laufbahn einschlägt, sondern vielmehr zum Kriminellen wird. Und es entsteht der Eindruck, dass diese Entwicklung keineswegs einen Einzelfall darstellt.

Tatsächlich ist Orgosolo berühmt-berüchtigt für brachiale Gewalt, für Widerstand gegen den Staat und für bestialische Morde, die oft von Blutrache geprägt sind. Der Ort pflegt diesen Mythos, und doch wirkt er auf den ersten Blick ziemlich harmlos, wenn man vom schussdurchlöcherten Ortseingangsschild einmal absieht. Statt mit waffenstarrenden Gangstern überrascht er mit einer offensichtlich sehr aktiven Künstlerszene. In dem ansonsten ganz typisch sardischen Bergdorf prangen allerorts Malereien an den Mauern. Manche davon sind kunterbunt, andere auf schlichte Zweifarbigkeit reduziert, weil der Fokus des Betrachters allein auf die Botschaft des Bildes gerichtet werden soll. Die Mehrzahl dieser Fresken, die „murales" heißen, mahnt gegen Willkür und Gewalt.

Schon vor einigen Jahrzehnten begann Orgosolos Aufbruch von der Keimzelle der Kriminalität hin zu einer bemerkenswerten Freilicht-Pinakothek, in der statt Pistolen nun Pinsel und Farbeimer als Waffe gegen die ausufernden Missstände dienen sollten. Denn tatsächlich herrschte hier noch bis weit in die zweite Hälfte des letzten Jahrhunderts hinein eine schier unvorstellbare Anarchie.

Der kleine Ort ist so etwas wie das Zentrum der wilden Barbagia. Wie die Bewohner eines gewissen gallischen Dorfes haben die hiesigen Hirtenfamilien im Lauf von Jahrtausenden einen ganz besonders renitenten Geist der Unbeugsamkeit kultiviert. Und dieser richtete sich keinesfalls nur gegen Eindringlinge, sondern mit der gleichen Vehemenz auch gegeneinander. Einem archaischen Kodex folgend kämpfte hier jeder für sich und die Seinen, und wenn es sein musste, bis aufs Blut. Blut forderte wiederum Blut, und so entstand in Orgosolo ein unaufhaltsamer Kreislauf des Grauens. Es heißt, dass in den schlimmsten Jahren mehr als 50 Mordopfer gezählt wurden.

Die italienische Polizei, die den altüberkommenen Umtrieben ein Ende setzen wollte, stand den wilden Orgosolesen lange Zeit machtlos gegenüber. Denn diese verbündeten sich kurzerhand gegen den gemeinsamen Feind, ganz so, wie sie es stets getan hatte, wenn die Bedrohung von außen kam. Wen die Carabinieri verfolgten, der versteckte sich wie einst Giovanni Corbeddu Salis. Unterstützung gegen die verhassten Staatsdiener war ihm überall gewiss. Aufgebrachte Carabinieri übten sich ihrerseits in Willkür und Brutalität. So schraubte sich die Spirale der Gewalt immer weiter empor.

Worin fußte die Aufsässigkeit dieser Menschen? Ein Kriminologe nahm schon gegen Ende des 19. Jahrhunderts Schädelmessungen vor und zog aus seinen Ergebnissen die Schlussfolgerung, dass bei den Sarden aufgrund unvollständiger Entwicklung eine Entartung des sittlichen Charakters festzustellen sei, die sie zur Kriminalität prädestiniere. Damit schien der Fall klar: Man hatte es mit minderwertigen Kreaturen zu tun! Wörter wie „aufhängen“ und „deportieren“ kreisten auf Seiten der Gesetzeshüter, der Polizeichef von Nuoro empfahl schließlich sogar den Einsatz von Flammenwerfern. Orgosolo wurde offiziell zum „Banditennest“ erklärt.

Die solchermaßen eskalierte Situation schien über Jahrzehnte hinweg hoffnungslos verfahren zu sein. Doch dann kam der toskanische Kunstlehrer Francesco del Casino nach Orgosolo. 1975 malte er mit seinen Schülern einige Plakate anlässlich des 30. Jahrestags der Resistenza, des Partisanenkampfs gegen die Faschisten. Diese Plakate wurden im Dorf aufgehängt, und schnell entstand die Idee, derartige Darstellungen direkt auf die bis dato meist unverputzten und oft unansehnlichen Hauswände aufzubringen.

Manche der in der Folgezeit entstandenen Murales zeigen Alltagsszenen, wie einen Mann, der Rotwein trinkt, Frauen, die Wasser tragen, ein Paar, das vor seiner Haustür sitzt, oder eine Szene aus dem Leben der Hirten. Einige Wandmalereien dienen auch als Hommage an bedeutende Charaktere des 20. Jahrhunderts. Doch die meisten thematisieren soziale Missstände und politischen Protest. Sie zeigen Häftlinge in der Zelle oder Konzernchefs, die öffentliche Gelder veruntreuen. Überwiegend kommentieren sie auf ironische, teilweise auch auf sehr drastische Weise die Weltpolitik. Ein weiteres wichtiges Motiv stellt der Widerstand gegen einen in der Nähe des Ortes geplanten NATO-Truppenübungsplatz dar, den die Orgosolesen 1969 in gewohnter Manier gemeinsam zu verhindern wussten. 3.500 Bürger besetzten damals die betroffenen Weidegründe und leisteten gewaltfreien Widerstand, bis die Armee sich schließlich zurückzog.

Heute gibt es rund 250 Murales in Orgosolo. Diese prägen nicht nur das Ortsbild, sie haben sich auch zu einem Touristenmagneten entwickelt, denn an die 130.000 Interessierte pilgern alljährlich zu dem 4.000-Seelen-Dorf. Hier spürt man hautnah das elektrisierende Spannungsfeld zwischen Kunst und Verbrechen, zwischen Urinstinkt und Kultur.

Seit immer mehr Besucher nach Orgosolo kommen, fällt deren Augenmerk auch auf die bemerkenswerte Tracht der Orgosolesen. Noch bis zu Beginn des letzten Jahrhunderts besaß jeder Dörfler bloß eine einzige Garnitur, die als Alltagskleidung diente. Heute wird die aufwendige Tracht nur noch an besonderen Festtagen angelegt. Die streng geschnittenen Gewänder sind reich bestickt. Besonders ins Auge fällt der Kopfputz der Frauen, der aus einem hochgesteckten Tuch aus feinster Seide besteht. Seit ein paar Jahrhunderten werden nämlich in Orgosolo Seidenraupen gezüchtet und die kostbaren Fäden zu Seidenstoffen verwebt. Wie sich diese exotische Kunst ausgerechnet in das abgelegene Bergdorf verirren konnte, ist leider nicht überliefert. Doch inzwischen können Besucher während einer herbstlichen Ausstellung Einblicke in die verschiedenen Stadien der Seidenraupenzucht sowie der Weiterverarbeitung von Seide nehmen.

Denn seit Jahren schottet man sich hier nicht mehr misstrauisch gegen alle Fremden ab. Auch die Bezeichnung als „Gangsternest" entspricht längst nicht mehr der heutigen Realität von Orgosolo. Hier bewirkte die Kunst in wenigen Jahrzehnten, was Waffen jahrhundertelang nicht vollbringen konnten.

Zuppa Barbagia – eine Suppe aus der Barbagia

Zutaten für 4 Personen:

1 kg Tomaten
2 kl. Zucchini
2 rote Paprika
1 Zwiebel
2 Knoblauchzehen
1 rote Chilischote
1 Handvoll Basilikumblättchen
gutes Olivenöl
Salz und Pfeffer

Zubereitung:

Die Tomaten mit siedendem Wasser überbrühen, häuten und anschließend würfeln. Zucchini und Paprika waschen, putzen und in kleine Streifen schneiden. Zwiebel und Knoblauch häuten, die Chilischote entkernen und alles fein hacken. Die Basilikumblättchen klein zupfen.

In einem Topf etwas Olivenöl erhitzen, Zwiebeln, Chili und Knoblauch darin kurz bei hoher Temperatur anbraten. Zucchini und Paprika hinzugeben und mit anbraten, bis alles leicht gebräunt ist. Nun die Tomaten zufügen, mit Salz und Pfeffer würzen. Aufkochen, dann die Hitze reduzieren und 20 Minuten köcheln lassen, dabei gelegentlich rühren.

Anschließend vom Herd nehmen und das Basilikum unterrühren. Auf Tellern anrichten und jeweils etwas Olivenöl darüberträufeln.

Mit Pane carasau (Rezept s. Seite 58) servieren.

Masken, Gemetzel und wilde Jagd – Karneval auf Sardinien

Ebenfalls in der Barbagia, nur fünf Kilometer westlich von Orgosolo, liegt das Dorf Mamoiada. Mit lediglich 2.500 Einwohnern ein ziemlich verschlafenes Nest, so könnte man meinen. Und doch lohnt sich ein Abstecher nach Mamoiada. Hier gibt es nämlich ein außergewöhnliches Museum. Es zeigt die traditionellen sardischen Karnevalsmasken, und die sind wirklich sehenswert.

„Unser Karneval ist weltberühmt", referiert Isabella, mit der ich mich auf eine Erkundungstour nach Mamoiada begeben habe. „Er ist sehr ungewöhnlich, außerdem zeigt er sich in den verschiedensten Erscheinungsformen. Jeder Ort, jede Region hat eigene Rituale und Besonderheiten. Im Brauchtum und in den spektakulären Masken, die hier im Landesinneren zu finden sind, hat die uralte Vorstellungswelt der Hirten alle Epochen überdauert. Diese tief wurzelnden Traditionen sind den Menschen heilig. Für uns Sarden ist der Karneval deshalb äußerst wichtig, vielleicht ist er aus diesem Grund auch von größerer Ernsthaftigkeit getragen als anderenorts." Dann lacht sie. „Was natürlich nicht heißt, dass wir nicht auch unseren Spaß daran hätten."

Nachdenklich betrachte ich die finstere Maske eines Mamuthones. So heißt eine der beiden Gestalten, die während des Karnevals von Mamoiada auftreten. Der Mamuthone ist in langhaariges Fell gehüllt und mit schweren Glocken behängt. Wie die Landfrauen früherer Zeiten trägt er ein dunkles Kopftuch, sein Gesicht verbirgt sich hinter einer dämonischen Fratze, die kunstvoll aus Holz geschnitzt und dem Träger individuell angepasst ist. Würde mir solch ein Wesen allein in der Einsamkeit der Berge begegnen, ich bekäme es ganz schön mit der Angst zu tun.

Isabella ist neben mich getreten und begutachtet ihrerseits die Maske. „Sehr gut gearbeitet", stellt sie anerkennend fest. „So ein Mamuthone hat's gar nicht leicht. Er trägt ja nicht nur diese starre Holzmaske, er schleppt außerdem bis zu 30 Kilo mit sich herum. Denn die vielen Glocken sind ganz schön schwer. Aber lass dich von dem schaurigen Gesellen nicht beirren." Sie weist auf eine helle Maske mit neutralem Gesichtsausdruck, die einen krassen Gegensatz zu der des Mamuthone bildet. „Diese Maske gehört dem Issohadore, einem deutlich freundlicheren Wesen."

Der Issohadore ist die zweite Figur des Karnevals von Mamoiada. Er trägt eine schwarze Hose, eine rote Jacke, ein bunt besticktes Hüfttuch und lauter kleine Schellen. Issohadore und Mamuthone repräsentieren Gegensätze, die doch zusammengehören. Während der Issohadore leichtfüßig herumtänzelt und den Rhythmus vorgibt, stampft der Mamuthone mit schweren Schritten lärmend durch die Gassen. Er symbolisiert die Härte und die Mühsal des Landlebens sowie die ständige Bedrohung durch dessen Unwägbarkeiten. Dagegen steht der Issohadore für die positive Kraft des Menschen. Immer wieder wirft er sein Lasso aus, aber nicht etwa, um damit die Mamuthones zu bändigen, sondern vielmehr, um Frauen und Mädchen einzufangen und ihnen Glück zu wünschen. „Und natürlich lässt er sie gleich wieder frei", fügt Isabella ihren Ausführungen schmunzelnd hinzu.

Der Karneval in der Barbagia unterscheidet sich auch insofern vom üblichen Straßenkarneval, als dass hier nur die Leute verkleidet sind, die als Protagonisten der Festumzüge auftreten, die Zuschauer hingegen nicht. Diese alte Regel wird allerdings nicht mehr ganz so streng genommen, auch in der Barbagia sieht man immer öfter kostümierte Jecken im Publikum. Die Kleidung, die zu den traditionellen Masken getragen wird, entspricht hingegen der üblichen Tracht der Einheimischen, sie ist nur persifliert und auf die Spitze getrieben. Der Mamuthone ist der Hirte, der sich gegen die Kälte in Felle hüllt, der sich tage- und wochenlang nicht richtig waschen kann und dessen Gesicht deshalb schwarz ist. In seiner Mimik spiegeln sich Trauer, Qual und manchmal auch Wut über die Unbill seines Daseins. Die Tiere, die er hüten muss, tragen Glocken. Viele Glocken stehen also für viele Tiere und damit für die enorme Verantwortung, die auf dem Hirten lastet.

„Hier in Mamoiada dauert der Karneval vier Tage, vom Samstag bis zum ‚martedi grasso', dem ‚fetten Dienstag'. Aber eigentlich geht es in der Barbagia schon am 17. Januar los", erzählt Isabella. Denn das ist der Tag des Sant'Antonio Abate, eines Heiligen, der im 4. Jahrhundert gewirkt haben soll. Er lebte lange Zeit als Einsiedler in der Wüste und soll dort mehrfach den Versuchungen des Satans widerstanden haben. Ihm zu Ehren entzündet man Feuer, und wenn die Flammen dann hoch auflodern, beginnen Mamuthones und Issohadores ihre rituellen Tänze. Die Finsternis und das Böse sollen damit ausgetrieben werden, ein Motiv, das sich ja überall durch den Karneval zieht. Die Feuer des heiligen Antonius dienten früher aber auch ganz praktischen Zwecken, alles Unbrauchbare ließ sich darin verbrennen, um so Platz für Neues zu schaffen. Der eigentliche Karnevalshöhepunkt mit seinen Festumzügen beginnt dann 40 Tage vor Ostern.

Als wir später bei einem Espresso auf dem Dorfplatz sitzen, erzählt Isabella mir mehr von den verschiedenen Ausprägungen des sardischen Karnevals. Mit zahlreichen Variationen präsentiert sich der Mummenschanz in den Dörfern im Herzen der Insel. Ihre jeweiligen Bräuche sind meist archaisch und voller geheimnisvoller Symbolik.

Was Mamuthones und Issohadores für Mamoiada, das sind Boes und Merdules für den Weiler Ottana, der 20 Kilometer weiter westlich liegt. Ebenfalls in zottiges Fell gehüllt stellen diese beiden Charaktere einen Hirten und einen Stier dar. Der Hirte kämpft darum, den Stier zu bändigen, damit symbolisiert er den ständigen Kampf des Menschen ums Überleben in rauer Natur. Die gehörnte Maske des Boe-Stiers hat verblüffende Ähnlichkeit mit dem Kopfschmuck der Bronzefigur eines Kämpfers aus nuraghischer Zeit, die im archäologischen Museum von Cagliari ausgestellt ist. Und mag somit einen Hinweis darauf geben, wie alt diese mystische Maskerade tatsächlich ist.

„In Ottana gibt es noch eine weitere Figur“, fährt Isabella fort, „nämlich die Sa Ilonzana. Sie ist eine bucklige Alte, ganz in Schwarz gekleidet. Während sie Wolle zu einem Faden spinnt, geht sie herum und fordert Getränke von den Anwesenden. Dabei droht sie, den Faden abzuschneiden, falls man ihr nichts gibt. Der Faden steht für die Fortdauer des Lebens, da kannst du dir also denken, was dir blüht, wenn du der Ilonzana keinen Drink spendierst!“

In Fonni, das südlich von Nuoro liegt, kämpfen dunkel gekleidete Männer gegen den ungestümen S’Urthu, der in helles Schaffell gewickelt ist. S‘Urthu ist das wilde Tier, und er weiß sich seiner Bezwinger mit allen Tricks zu entwinden. Flink und behände erklettert er im Zweifel alles, was gerade in seiner Nähe ist, kein Baumstamm, keine Fassade ist ihm dabei zu hoch.

„Interessierst du dich für uraltes Brauchtum, dann findest du hier ein Eldorado. Das ist so mannigfaltig, dass ich dir nur ein paar Beispiele aufzählen kann." Isabella überlegt kurz, dann setzt sie eine ernste Miene auf und wiegt den Kopf hin und her. „Eines ist vielleicht noch erwähnenswert, nämlich der Karneval von Lula. Denn der hat ein wirklich extremes Kaliber."

Lula ist ein kleiner Ort, der nordöstlich von Nuoro liegt. Auch in Lula tritt ein Gehörnter in dunklem Fell auf, sein Name ist Su Battileddu. Um die Hörner dieser Gruselgestalt ist der Magen einer frisch geschlachteten Ziege gewunden, und vor seiner glockenbehangenen Brust verbirgt der Battileddu den Magen eines Ochsen. Und dieser ist wiederum mit verdünntem Blut gefüllt. Su Battileddu wird durch die Gassen von Lula gejagt, mit Stöcken geschlagen und mit peitschenden Lederriemen malträtiert. Am Ende bricht der Gepeinigte auf dem Dorfplatz zusammen. Erbarmungslos stechen die Umstehenden nun auf den Ochsenmagen ein, und ihr Opfer scheint dann wahrhaftig zu verbluten. Dieses Spektakel mutet mich nun tatsächlich ziemlich brutal an und ich verziehe das Gesicht. „Aber letztendlich ritualisiert auch der blutrünstige Brauch von Lula nur die Überwindung des Winters", beschwichtigt Isabella.

„Wenn du es weniger archaisch haben willst, dann solltest du die Sartiglia von Oristano besuchen", fährt sie fort. „Sie ist deutlich kultivierter, allerdings auch bei weitem nicht so alt wie das Brauchtum im Landesinneren."

Unter Sa Sartiglia versteht man Reiterspiele, die am Karnevalssonntag und -dienstag in Oristano stattfinden, einer Stadt mit knapp 32.000 Einwohnern an der Westküste Sardiniens. Oristano liegt am Rand einer fruchtbaren Ebene und gilt als das landwirtschaftliche Zentrum der Insel.

Bei der Sartiglia müssen Reiter im vollen Galopp silberne Sterne mit ihrem Degen aufspießen. Diese Sterne sind an grünen Bändern über einer Gasse der Altstadt aufgehängt. Hauptfigur und Anführer der Berittenen ist Su Componidori, der sein Gesicht hinter einer Maske mit neutraler Mimik verbirgt. Dazu trägt er eine festliche Tracht, die ihm zur Eröffnung der Spiele feierlich von jungen Frauen angelegt wird. Insbesondere das weitärmelige Hemd und das wie ein Brautschleier vom Kopf über die Schultern herabhängende Spitzentuch ähneln der Kleidung des Adels im 15. und 16. Jahrhundert, das gibt zudem einen Hinweis auf den katalanischen Einfluss in dieser Region. Überhaupt ziehen sich katalanische Elemente durch die ganze Sartiglia. Ihre Wurzeln sind aber wohl in den spätmittelalterlichen Ritterturnieren zu verorten, denn obwohl sie erst seit dem Jahr 1546 schriftlich belegt ist, ist sie schon einige Zeit älter.

Wem die Ehre gebührt, als Componidori die jeweiligen Reiterspiele anzuführen, wird durch Wahl entschieden. Meist fällt diese auf einen Mann, doch hin und wieder ist der Componidori auch weiblich. Seine androgyne Maskerade gestattet keinerlei Rückschlüsse auf sein Geschlecht. An der Farbe der Maske lässt sich lediglich erkennen, welcher Bevölkerungsgruppe er entstammt: Die Larve eines Bauern ist erdfarben, die eines Handwerkers hingegen weiß.

Hat der Componidori sich schließlich in den Sattel geschwungen, so darf er diesen für den Rest des Tages nicht mehr verlassen. Sollte er vom Pferd stürzen, so würde das als Omen für eine große Hungersnot oder sonstige verheerende Katastrophen gewertet. Mit Veilchensträußen segnet er zunächst die Menge der Zuschauer. Mehr als 100 Reiter folgen ihm, auch sie tragen Masken, Hüte und Kostüme. Letztere erinnern mitunter an die extravagante Kluft spanischer Matadore, andere wiederum sind von historischen Gewändern oder ländlicher Tracht inspiriert. Manche Reiter tragen auch bloß einen schlichten schwarzen Anzug. Die Wahl der Kleidung ist jedem Teilnehmer selbst überlassen, wobei Brautschleier und Zylinderhut besonders beliebte Attribute sind.

Auch die Pferde sind prächtig geschmückt. Die meisten sind Vollblüter der Rasse Anglo Arabo Sardo. Schon während der Vorbereitungen haben die feurigen Tiere gespürt, dass etwas Besonderes bevorsteht, und wenn es endlich losgeht, überträgt sich ihre Aufregung schnell auf die übrigen Anwesenden. Denn nach dem ersten feierlichen Umzug gilt es, beim Sternenritt möglichst viele Trophäen zu ergattern, und das so geschwind wie möglich. Eine reiche Ausbeute an Sternen soll eine üppige Ernte in der kommenden Saison versprechen.

„Da geht die wilde Post ab." Mit flink kreisenden Handbewegungen untermalt Isabella ihre Schilderung. „Die Reiter legen sich mit aller Kraft ins Zeug, sie treiben ihre Pferde bis zum Äußersten über die Via Duomo, die extra dafür mit Sand aufgeschüttet wird."

Ist der Parcours bewältigt, geht es in gemessenem Tempo wieder zurück, vorbei an den Schaulustigen. Dabei präsentieren die Reiter stolz ihre Ausbeute und lassen sich gebührend bejubeln. Den Abschluss bilden schließlich Vorführungen, bei denen Berittene ihre Geschicklichkeit demonstrieren.

„Bei aller Gaudi darf man nicht vergessen, dass es wegen des hohen Tempos beim Sternenritt immer wieder mal zu Unfällen gekommen ist", schließt Isabella ihre Ausführungen. „Und Tierschützer sind von dem Fest nicht unbedingt begeistert, auch wenn ein Tierarzt das ganze Spektakel kritisch überwacht. Unter diesem Aspekt ist sogar das blutige Gemetzel von Lula im Grunde harmloser." Doch dann blitzen Funken in ihren Augen auf und sie lacht schelmisch. „Unser Karneval ist einfach nichts für schwache Nerven. Wir Sarden sind nun einmal ein durch und durch heißblütiges Volk."

Pistiddu – süße Festtagspastetchen

Zutaten:

500 g Hartweizenmehl
120 g Butter (zimmerwarm)
100 g Zucker
2 Eier
500 ml Vincotto bzw. sardischer Sapa (ein Sirup aus Most, erhältlich in ital. Feinkostgeschäften oder im Internet)

80 g Hartweizengrieß
die dünn abgeschälte Schale von 3 unbehandelten Orangen und 2 Zitronen
30 g brauner Zucker
1 Würfel Hefe
100 ml Milch
Salz
Mehl für die Arbeitsfläche

Zubereitung:

Die Milch lauwarm erhitzen und die Hefe darin auflösen. Mehl, Zucker, Eier und Butter in eine Schüssel füllen, die Hefemilch und eine Prise Salz hinzugeben und alles kräftig miteinander verkneten, bis der Teig nicht mehr klebt. Mit einem Geschirrtuch abgedeckt an einem warmen Ort 1 Stunde gehen lassen.

Die Schalen von Orangen und Zitronen fein schneiden. Den Vincotto in einem Topf vorsichtig erhitzen und dabei unter Rühren den Grieß sowie den braunen Zucker hinzurieseln lassen. Die Schalenstückchen dazugeben und köcheln lassen, bis die Masse dickflüssig wird.

Den Teig nach Ende der Gehzeit noch einmal kräftig durchkneten, dann in 4 Teile teilen und diese jeweils auf einer bemehlten Arbeitsfläche ca. 5 mm dick ausrollen. Kreise von ca. 15 cm Durchmesser daraus schneiden, in die Mitte der Hälfte dieser Kreise jeweils einen Klecks der Vincottomasse geben und verstreichen, dabei aber ringsum den Rand freilassen. Mit einem zweiten Teigkreis bedecken, rundherum an den Rändern gut festdrücken und den Rand mithilfe eines Teigrads, einer Gabel oder mit Daumen und Zeigefinger mit einem Wellenmuster verzieren. So verfahren, bis aller Teig verbraucht ist, die Reste vom Ausschneiden jeweils wieder neu miteinander verkneten.

Die Pistiddu auf mit Backpapier ausgelegtes Backblech legen, abdecken und noch einmal 15 Minuten gehen lassen. Den Backofen auf 180°C vorheizen und die Pistiddu ca. 15-20 Minuten darin backen, bis sie goldbraun sind.

Auf Sardinien verzieren Könner die Oberseite der Pistiddu vor dem Backen noch mit feinen Mustern, bei denen die Füllung zum Teil sichtbar gemacht wird, und/oder mit filigran zu Garben, Blüten und dergleichen geformtem Teig. Man verspeist die Pistiddu zum Fest des Sant'Antonio Abate am 17. Januar am Feuer und genießt dazu ein Glas Rotwein.

Man kann Vincotto bzw. Sapa auch durch Honig oder Marmelade ersetzen, in diesem Fall sollte man auf den braunen Zucker verzichten und muss die Grießmenge entsprechend anpassen.

Mit breiten Schwingen – die Herrscher der Lüfte

Alfonso stöhnte unter seiner Last. Schon seit einer Stunde schleppte er sich hangaufwärts, über Geröll und durch widerspenstiges Gestrüpp, und obwohl er früh aufgebrochen war, brannte die Sonne inzwischen erbarmungslos vom wolkenlosen Himmel. Die tote Ziege auf seinen Schultern schien ihn zu Boden drücken zu wollen. Doch es half nichts. Dieser Kadaver gab schließlich den Anlass für Alfonsos morgendliche Kletterpartie.

Endlich erreichte er die hochgelegene Kuppe, das Ziel seiner Exkursion. Mit einem Seufzer ließ er die Ziege von seinen Schultern gleiten. Erleichtert streckte er sich kurz, dann zog er sich schnell zurück. Hinter einem Felsvorsprung verborgen harrte er der Dinge, die nun kommen würden.

Allzu lange ließen sie nicht auf sich warten. Ein Schatten glitt über die felsigen Hänge. Alfonso spähte hinauf zum Himmel. Das grelle Licht blendete ihn, er hielt die Hand vor die Stirn und blinzelte kurz. Dann sah er ihn. Mit weit gespannten Schwingen kreiste der Entulzu in der Höhe. Die Spirale seiner Bahnen wurde schlanker und wand sich rasch gen Boden. Unaufhaltsam kam der Entulzu näher. Und da! Schon machte Alfonso ein zweites Exemplar am grellblauen Himmel aus. So war es immer. Die Entulzus witterten das Aas, sie kamen schnell wie ein Tornado und arbeiteten genauso zuverlässig.

Zwar fand Alfonso nichts Schönes an den riesigen braunen Leichenfledderern, die fast drei Meter maßen, wenn sie ihre Flügel ganz entfalteten. Widerlich, wie sie sich auf den Kadaver stürzten, ein brutales Schlagen und wütendes Zerren, unbändige Gier. Aber er bewunderte ihre Effizienz, in Sekundenschnelle schafften sie Ordnung. Alles Fleisch rissen sie von den Knochen, und wenn zuletzt nur die kräftigen Röhrenknochen der Beine übrig waren, trugen sie diese in die Luft, um sie aus großer Höhe fallen zu lassen. Beim Aufprall zerschellten die Knochen, dann machten sich die Entulzus über deren Inhalt her, das Knochenmark, das sie besonders liebten. Zurück blieb nur ein Häuflein zerschmetterten Gebeins.

Alfonso und die anderen Hirten hatten einen Schindanger angelegt, ganz oben in den kargen Hügeln im Hinterland von Bosa, wohin sich kaum ein Wanderer verirrte. Hierher brachten sie jetzt ihre verendeten Tiere, die sie zuvor noch an die Tierkörperverwertung hatten übergeben müssen. Das war stets mit strengen Auflagen und vor allem mit hohen Kosten verbunden gewesen. Doch 2011 gab es endlich eine Gesetzesänderung. Die EU gestattete die Entsorgung von Schlachtabfällen und Kadavern von Ziegen und Schafen in den Bergen, sofern dies der Fütterung aasfressender Vögel diente. Natürlich mussten solche Vögel auch vorhanden sein. Welch ein Glück, dass bei Bosa noch ein paar von ihnen existierten, obwohl die Menschen über lange Zeit versucht hatten, ihnen den Garaus zu machen. Zu hässlich, zu unglücksverheißend erschienen ihnen die Entulzus. Doch im zerklüften Bergland bei Bosa war es einigen wenigen von ihnen gelungen, sich der Verfolgung zu entziehen.

Bosa ist ein buntes mittelalterliches Städtchen in der Provinz Oristano im Westen Sardiniens und liegt etwa zwei Kilometer vom Meer entfernt. Der weitläufige Strand von Bosa Marina gilt als einer der beliebtesten der Region, und aus dem bergigen Umland kommt der Malvasia di Bosa, einer der bekanntesten Weißweine Sardiniens. Doch je weiter man in die Berge vorzudringen versucht, desto felsiger und schroffer erwehren sie sich der menschlichen Eindringlinge. Diesen Gegebenheiten verdankten die letzten Entulzus Sardiniens ihr Überleben.

„Entulzus", so heißen im lokalen Dialekt die Gänsegeier. Noch um 2010 gab es kaum mehr als 30 Brutpaare auf ganz Sardinien. Doch 2015 startete mithilfe von Fördermitteln der EU ein Wiederansiedlungsprojekt, im Verlauf dessen Naturschützer in Zusammenarbeit mit der Universität Sassari um die 60 Geier auswilderten, die zuvor in europäischen Zoos gezüchtet worden waren. Der Erfolg ließ nicht lange auf sich warten, schon 2020 konnte der Bestand der Gänsegeier Sardiniens auf mehr als 200 Tiere geschätzt werden.

Doch die Vögel brauchen natürlich auch etwas zu fressen. Deshalb wurden die sogenannten Schindanger, die „carnai" angelegt, auf denen rund ums Jahr die Kadaver von verendeten Nutztieren abgelegt werden, eine Sitte, die in früheren Zeiten allgemein üblich war.

Die besten Voraussetzungen finden sich im felsigen Nordwesten der Insel, in dessen unwegsamem Bergland die Gänsegeier problemlos ungestörte Nistplätze finden können. Hier gibt es Schutzzonen und auch Pflegestationen, in denen man sich kranker oder verletzter Vögel annimmt. Zu den Aufgaben der Tierschützer gehört es außerdem, die Bevölkerung aufzuklären, denn noch immer ist die Abscheu gegen die Aasfresser weit verbreitet. Manche Leute legen außerdem vergiftete Fleischreste gegen Ratten aus, und immer wieder fallen auch Geier diesen Ködern zum Opfer. Erst allmählich wächst das

Verständnis, und umso wichtiger sind Leute wie Alfonso, die den Nutzen der Wiederansiedlung von Geiern zu schätzen wissen.

Wie gerne würde ich diese mächtigen Vögel einmal in freier Wildbahn entdecken! Es gibt sie inzwischen auf ganz Sardinien, doch die besten Möglichkeiten bieten sich noch immer in den Bergen bei Bosa. An den dortigen Trekkingpfaden soll es vielversprechende Beobachtungspunkte geben. Ich habe auch gehört, dass an der Straße zwischen Alghero und Bosa gute Chancen bestehen, einen Blick auf kreisende Gänsegeier zu erhaschen. Doch so sehr ich mich bemühe, ich habe einfach kein Glück. Der Himmel bleibt verwaist, kein einziger Geier lässt sich sehen.

Wie gut, dass es kundige Guides gibt, die für Abhilfe sorgen können. Inzwischen findet man zahlreiche Anbieter, bei denen man Wanderungen zur Geierbeobachtung buchen kann. Einer davon ist zum Beispiel der in Bosa ansässige Verband „L'Altra Bosa“. Er hat sich die Überwachung der Geierbestände zum Ziel gesetzt, dazu gehören regelmäßige Zählungen und Datenerhebungen, die Zusammenarbeit mit anderen ornithologischen Kooperativen sowie Umwelterziehung, Information und touristische Angebote. Das Interesse der Reisenden verhilft letztlich auch den Einheimischen dazu, die Geier aus einem anderen Blickwinkel zu betrachten. Andererseits muss darauf geachtet werden, dass die Tiere nicht durch unvorsichtige Touristen aufgeschreckt und gestört werden.

Gleich nach dem Frühstück bin ich mit Flavio in die Berge aufgebrochen. Die beste Zeit zur Beobachtung bietet sich am Vormittag oder kurz vor Sonnenuntergang, wenn die Tiere zur Futtersuche ausschwärmen. Auch ohne Geier wäre die Wanderung ein Erlebnis, denn die unberührte Natur ist wunderschön. Doch Flavio ist ein Experte, und so kann ich meine

Eindrücke schon bald mit dem Anblick eines Geiers krönen, der majestätisch vor einer Felswand entlanggleitet. Mit seiner gewaltigen Spannweite und dem zweifarbigen Gefieder seiner Flügel ist er kaum zu verwechseln. Eine helle Flaumkrause windet sich um seinen Hals, der Kopf ist von blassbeigen Daunen bedeckt.

Von Flavio erfahre ich derweil, dass es hier in den Bergen auch Königsadler gibt, und sogar ein paar Schmutzgeier haben sich ganz von allein wieder angesiedelt. „Birdwatching ist ein wichtiges Thema auf Sardinien“, sagt er. „Das lockt viele Vogelfreunde auf unsere Insel.“ Im Westen der Bucht von Oristano zum Beispiel, so fährt er fort, liege die Halbinsel Sinis mit ihren ausgedehnten Sumpfgebieten. In deren flachen Lagunen lebten viele hunderte von Rosaflamingos. Und diese attraktiven Vögel würden alle Reisenden faszinieren, nicht nur ausgemachte Vogel-Freaks.

Auch in anderen Küstenbereichen gibt es Rosaflamingos, zum Beispiel in den Salinas zwischen Cagliari und Quartu Sant’Elena, an einem Salzsee bei Villasimius oder an der Piscina Rei und den Salzseen nördlich der Costa Rei an der Ostküste. Seit wenigen Jahrzehnten wachsen die Populationen dank des verbesserten Schutzes beständig an. Die grazilen Vögel schätzen die flachen Lagunen, in denen sie ihre Lieblingsspeise, die kleinen rosa Krebstiere finden, denen sie ihre eigene zartrosa Färbung verdanken. Überall dort, wo es an der Küste solche Lagunen gibt, kann man inzwischen mit Flamingos rechnen.

„Die größere Achtsamkeit, die Vögeln heutzutage entgegengebracht wird, hat auch dafür gesorgt, dass die Kolonie der Eleonorenfalken im Golf von Orosei mit 200 Brutpaaren nun als die größte der Welt gelten kann“, erwähnt Flavio noch. Jene Meeresbucht erstreckt sich über rund 30 Kilometer an Sardiniens Ostküste. Sie ist durch Klippen und viele kleine

Buchten gekennzeichnet, deren einsame Strände oft nur über beschwerliche Wanderungen oder vom Meer aus erreichbar sind. Im Hinterland des Golfs erheben sich das Supramonte- und das Gennargentugebirge, nach dem der dortige Nationalpark benannt ist. Neben einer Vielzahl wilder Blumen wie Orchideen, Lilien und Krokussen gibt es dort Wildschafe, Steinadler und eben auch Eleonorenfalken. Als Zugvögel verbringen diese den Winter auf Madagaskar, bevor sie zum Brüten in den Mittelmeerraum zurückkehren.

„Eleonorenfalken stehen symbolhaft für den Schutz der Vögel auf Sardinien", setzt Flavio seine Ausführungen fort. „Denn sie sind nach Eleonora von Arborea benannt. Diese Frau hat sich schon im 14. Jahrhundert für die Vögel stark gemacht. Sie war eine begeisterte Ornithologin und hat als allererste ein weitgreifendes Gesetz zum Schutz von Greifvögeln erlassen." Das lässt mich hellhörig werden. Welche Frau besaß vor 600 Jahren die Macht, ein solches Gesetz anzuordnen?

„Eleonora von Arborea wird auf Sardinien als Volksheldin verehrt", klärt Flavio mich auf. „Damals war die Insel in vier Regierungsbezirke unterteilt, die sogenannten Judikate. Einem davon, dem Judikat von Arborea, das sich von der Westküste bis weit ins Landesinnere erstreckte, stand Eleonoras Vater vor. Doch der starb an der Pest. Ihr Bruder trat die Nachfolge an, fiel aber alsbald einem Mordanschlag zum Opfer. Nun ging der Titel eigentlich auf Eleonoras Sohn über, doch weil das Bürschchen noch sehr jung war, übernahm Eleonora selbst die Regentschaft."

Sie habe kluge politische Allianzen geschlossen, fährt Flavio fort, wodurch Arborea bis über ihren Tod hinaus unabhängig bleiben konnte. Damals stand Sardinien nämlich unter ziemlichem Druck durch die eroberungshungrigen Mächte im Mittelmeerraum.

Als noch wichtiger gilt allerdings, dass Eleonora mit der Carta de Lógu 1395 einen Gesetzeskodex erließ, der mehr als 400 Jahre in Kraft bleiben sollte. So lange, bis Sardinien schließlich in den italienischen Staat eingegliedert wurde. Dieser Kodex war sehr umfassend und für seine Zeit ungewöhnlich modern. Darin heißt es zum Beispiel, dass alle Menschen vor dem Gesetz gleich sind. Auch gibt es klare Regelungen, die die Rechte der Frauen stärken. Beide Konzepte kann man im Hinblick auf die Epoche, in der sie entstanden, als revolutionär betrachten. Und vor diesem Hintergrund überrascht es schon weniger, dass eine Frau wie Eleonora sich auch für den Schutz von Greifvögeln einsetzte.

Inzwischen haben wir auf unserer Wanderung einen Schindanger erreicht. Bleiche Knochen verraten, dass die Geier ganze Arbeit geleistet haben. Ob das die Reste von Alfonsos Ziege sind?

„Heute ist hier nichts mehr zu holen“, stellt Flavio fest. „Aber bestimmt bringt schon bald irgendein Hirte die nächste tote Ziege herbei!“

Pane Frattau – ein Gericht der Hirten

Zutaten für 4 Personen:

100 g Pane carasau (Rezept s. Seite 58, fertig erhältlich in ital. Spezialitätenläden oder im Internet)
1 Dose Tomaten (stückig)
4 Eier
50 ml Vernaccia di Oristano (ersatzweise trockener Sherry)
1 Chilischote
1 Zwiebel
2 Knoblauchzehen
3 Zweige Thymian
2 Zweige Rosmarin
80 g geriebener Pecorino
1 Tl Zucker
Olivenöl
Salz und Pfeffer

Zubereitung:

Zwiebel und Knoblauch schälen und beides klein würfeln. Die Blättchen bzw. Nadeln von Thymian und Rosmarin abzupfen und fein hacken. Die Chilischote längs aufschneiden, entkernen und ebenfalls fein hacken.

In einem Topf einen Schuss Olivenöl erhitzen, Zwiebeln, Knoblauch und Chili darin anbraten, bis sie zu bräunen beginnen. Mit dem Vernaccia ablöschen und diesen zur Hälfte einreduzieren, dann die Tomaten hinzugeben. Mit Zucker, Salz und Pfeffer würzen und bei milder Hitze 20 Minuten köcheln lassen, gelegentlich rühren.

Thymian und Rosmarin mit etwas Olivenöl vermischen, salzen und pfeffern. Das Pane carasau auf ein Backblech legen, damit beträufeln und 1½ – 2 Minuten im auf 200°C vorgeheizten Backofen backen. Anschließend in Stücke brechen.

Ein wenig Olivenöl in einer Pfanne erhitzen und die Eier zu Spiegeleiern braten, danach salzen.

Auf vier Tellern immer abwechselnd Pane carasau, Tomatensauce und Pecorino schichten, bis alles verbraucht ist.

Obenauf jeweils 1 Spiegelei geben.

Ein sardischer Traum – die Entdeckung der Costa Rei

Das wäre doch gelacht, dachte sich Guido van Alphen. Was dieser Aga Khan kann, das kann ich ja wohl schon lange!

Der junge Belgier, gerade Anfang 20, fühlte sich dem nur wenig älteren Religionsfürsten durchaus ebenbürtig. Als Sohn eines Immobilienmagnaten in beträchtlichem Wohlstand aufgewachsen, war er 1962 nach Sardinien gekommen, um es dem Aga Khan gleichzutun. Einen paradiesischen Flecken zu entdecken, diesen touristisch zu erschließen und damit einen Haufen Geld zu verdienen. Dann wäre er nicht nur reich, sondern könnte auch seinen Vater daheim in Belgien mit seinem glänzenden Erfolg beeindrucken. Wie stolz der auf ihn sein würde!

So machte er sich in seinem schicken BMW 1500 auf den Weg, die Insel zu umrunden und ihre Küsten dabei in Augenschein zu nehmen. Kein noch so abgelegenes Winkelchen wollte er dabei auslassen, denn wer wusste schon, wie gut sich das ersehnte Schmuckstück verbarg? Er begann mit der Westküste und cruiste südwärts an ihr entlang. Doch schnell musste er feststellen, dass sein schnittiges Auto hier allzu oft an seine Grenzen stieß. Kaum eine der Straßen besaß eine Asphaltdecke, und auf holprigen Schotterpisten kam er nicht gut voran. Seine Laune sank. Vielleicht fand sich darin der Grund, dass ihm kein Strandabschnitt, den er im Westen besuchte, gut genug für sein geplantes Projekt erschien.

Womöglich konzentrierte er sich zu sehr auf die Fahrbahn, als er die Panoramastraße zwischen Alghero und Bosa befuhr, und nahm deshalb die grandiosen Ausblicke gar nicht wahr, die sich hier in jeder Kurve neu eröffnen. Und übersah die herrlichen kleinen Buchten, die es an dieser noch heute ganz unverbauten Küste gibt. Wer einen Fußmarsch nicht scheut, entdeckt hier selbst in der Sommersaison noch den einen oder anderen kleinen Strand, den man mit niemandem zu teilen braucht.

Die Costa Verde, die ein Stück weiter südwärts liegt, hat er wohl komplett übersehen. Noch heute erreicht man den südlich von Torre dei Corsai gelegenen und 47 Kilometer langen Küstenstreifen teils nur über Schotterpisten, die mitunter auch noch durch Furten führen. Zu unwegsam für einen Sportwagen, und Dünen versperren zudem oft die Aussicht auf die Küste mit ihrem karibisch leuchtenden Wasser. Genügsame Pflanzen haben diesen Strand erobert und finden sich zu sattgrünen Kissen zwischen dem feinen Sand zusammen. Deshalb wirkt die Küste wie ein mit liebvoller Gärtnerhand gepflegter Park am Meer. Über Kilometer hinweg finden sich weder Hotels noch Bars oder Restaurants, selbst in der Hauptsaison betört die Costa Verde durch Einsamkeit. Und nur wenig weiter südlich schließt sich der drei Kilometer lange Traumstrand von Portixeddu an, gerahmt von grünen Bergen und gesäumt von dichtem Pinienwald, einer der herrlichsten Strände im Südwesten Sardiniens.

Van Alphen wird wohl auch Masua kaum wahrgenommen haben, wo vielfarbige Felsen jählings zum Meer hinabstürzen und die markante Felsinsel Pan di Zucchero, der „Zuckerhut“, aus dem sanft blauen Wasser ragt. Und wo sich zwischen den spektakulären Klippenformationen zauberhafte Strände verstecken.

An all diesen Naturwundern muss Guido van Alphen vorbeigefahren sein, ohne sie gebührend gewürdigt zu haben. Denn als er schließlich Cagliari erreichte, empfand er nichts als Frustration. Hier traf er Pietro Valerio, einen Italiener vom Festland, und klagte diesem sein Leid. Valerio arbeitete als Landvermesser für verschiedene Bauprojekte auf Sardinien. Er erzählte van Alphen, dass sich auch andere die touristische Erschließung der Insel aufs Tapet geschrieben hätten und damit schon deutlich weitergekommen seien. So entstehe an der imposanten Küste südöstlich von Cagliari gerade unter belgischer Federführung ein elegantes Luxushotel mit phänomenaler Aussicht, und zwar in der Bucht von Capo Boi, wo es strahlend weißen Sand und kristallklares Wasser gebe. Ganz in der Nähe befinde sich das Dörflein Villasimius, ein verschlafenes Nest, in dem bisher nur ein paar Hirtenfamilien lebten. Aber in dessen Umgebung finde man die herrlichsten Strände, manche davon kilometerlang und völlig unberührt, immer wieder durchbrochen von imposanten Klippen. Eine Landschaft von unbeschreiblicher Schönheit!

Nicht nur der belgische Hotelier hatte dieses landschaftliche Kleinod bereits für seine Zwecke entdeckt. Nur ein kleines Stück nordwestlich davon hatte ein Schweizer den Blick auf die zauberhafte Küste geworfen und begonnen, hier Ähnliches umzusetzen, wie es der Aga Khan im Norden vorexerzierte. Gerahmt von zwei idyllischen Buchten mit den typisch sardischen Traumstränden entstand nun auf sanften Hügeln ein Resort aus vornehmen Villen. Eine bewachte Zufahrt garantiert noch heute die Exklusivität dieser Ortschaft, die den Namen Torre delle Stelle erhielt, „Turm der Sterne". Sie schmiegt sich um den Torre de Su Fenugu, einen Wachturm aus dem 16. Jahrhundert, der der Retortensiedlung mit dem betörenden Namen ein wenig historisches Flair einhaucht. Zahlreiche Stars und Sternchen haben hier ihre Feriendomizile, vielleicht weil sie sich vom Namen des Ortes besonders angezogen fühlen. Aber längst schon verbringen auch Normalsterbliche ihren Urlaub in Torre delle Stelle.

Guido van Alphen spürte kitzelnde Nervosität in sich aufsteigen, während er Valerios Schilderungen lauschte. Wenn andere schon bauten, dann wurde es allerhöchste Zeit für ihn, wenn er selbst noch etwas abbekommen wollte! Weil Valerio über gute Ortskenntnisse verfügte und natürlich auch, weil er sich ein Stückchen vom Kuchen erhoffte, schloss er sich van Alphen an. Gemeinsam machten sie sich auf den Weg nach Südosten. Tatsächlich, die Landschaft wirkte wie aus dem Bilderbuch entsprungen. Berge und Klippen, duftende Macchia, einsame Strände, und all das gerahmt von diesem so unglaublich blaugrün gleißenden Meer – es war einfach fantastisch!

Zum Dorf Villasimius mussten sie sich allerdings über eine raue Schotterpiste hinaufschrauben – keine leichte Herausforderung für den tief liegenden BMW. Und das ärmliche Dorf selbst bot absolut nichts, nur eine heruntergekommene Spelunke und eine einfache Tankstelle.

Weil sich westlich von Villasimius schon Schweizer und Belgier die landschaftlichen Sahnestückchen herausgepickt und damit die örtlichen Landbesitzer auf den Geschmack gebracht hatten, erwiesen sich die Grundstückspreise zu allem Überfluss als deutlich höher als erwartet. Deshalb fuhren die beiden weiter, um die östliche Küste in Augenschein zu nehmen. Doch das war leichter gesagt als getan. Denn niemand lebte dort am Meer. Die Menschen wohnten zurückgezogen in Bergdörfern, die van Alphen und Valerio mit dem schicken Wagen schon schlecht genug erreichen konnten. Doch hinunter zur Küste? Keine Chance. Wege oder gar Straßen existierten nicht.

Gleich am Ufer erhob sich aber ein kleiner Berg, der Monte Turnu. Dessen Kuppe versprach eine ausreichende Höhe, um sich von dort einen Überblick über die umliegenden Strandabschnitte verschaffen zu können. So beschlossen die beiden, den Monte Turnu zu erklimmen. Stöhnend quälten sie sich durch die dichte Macchia im Küstenbereich und danach hügelan. Doch die Mühe sollte sich lohnen.

Ungläubig rieb sich van Alphen die Augen, dann sah er noch einmal hin. Nein, was er sah, war kein Traumgespinst, das ihm seine Erschöpfung vorgaukelte. Hier lag wahrhaftig das ersehnte Paradies zu seinen Füßen! Sichelförmig bog sich der Strand mit seinem feinen weißen Sand zu beiden Seiten der Anhöhe um die weitläufige Bucht, gerahmt von Bergen mit immergrüner Vegetation. Im hell smaragd und aquamarin strahlenden Meer lagen wie Märcheninseln in magischer Wasserwelt etliche tintenblaue Sprenkel, die sich gen Horizont zu tiefem Königsblau vereinten. Glasklar und funkelnd leckten sanfte Wellen am menschenleeren Strand, und über allem wölbte sich der makellose Azur des Himmelszelts. Tief atmete van Alphen durch, dann breitete er die Arme aus und strahlte. Kein Zweifel! Er hatte endlich sein Arkadien entdeckt!

Nun galt es, die Eigentümer des Küstenlands ausfindig zu machen. Wie gut, dass Valerio bereits über einige Kontakte zu den Familien der Region verfügte! Die Landbesitzer erwiesen sich als Hirten, die den saftig grünen Streifen zwischen Strand und Bergen nutzten, um ihre Schaf- und Rinderherden dort während des Winters weiden zu lassen. Denn die Berge, die sich rund um die Bucht schmiegen, schützen gut vor den kalten Winden. Die Temperaturen an dieser Küste sind deshalb ausgesprochen mild.

Den beiden Pionieren des Tourismus gelang es, den Hirten das Land für eine überschaubare Summe abzukaufen. Der erste Part des Businessplans ging damit auf. Nun galt es, das Terrain zu erschließen, Straßen, Strom- und Wasserleitungen zu bauen und damit eine ordentliche Infrastruktur zu schaffen. Anschließend sollte das Land parzelliert, mit Ferienhäusern bebaut und gewinnbringend verkauft werden. Van Alphen schwebte keineswegs ein abgeschiedenes Refugium für Superreiche vor, wie es der Aga Khan im Norden gerade anlegen ließ. Für ihn spielte es keine Rolle, wer sich an seiner Küste ansiedeln würde, Hauptsache, der Profit stimmte.

Rechtliche Barrieren ließen sich mit etwas Geld und guten Beziehungen aus dem Weg räumen. Van Alphens Vater, angetan vom vorausschauenden Geschäftssinn des Sohnes, ließ großzügig Gelder in das kostspielige Planvorhaben fließen. Auch hörte der Sohn auf die Vorschläge des Vaters, als dieser sich für einen ansprechenden baulichen Stil aussprach. Es musste ja nicht so exklusiv wie an der Costa Smeralda zugehen, aber hässliche Bettenburgen sollten es nun auch nicht unbedingt sein. Denn zu viel Beton würde die herrliche Küste letztlich ihres Charms berauben. Der junge Architekt Eric Balliu, ebenfalls Belgier, entwarf die ersten Gebäude. Er hatte bereits einen prestigeträchtigen Preis gewonnen und einige Villen für Torre delle Stelle konzipiert. Nach dem Vorbild der Costa Smeralda legte er Wert darauf, dass sich die Bauten möglichst unauffällig in die natürliche Umgebung einfügten.

Schon bald schlossen sich Investoren dem Projekt an und begannen damit, ein Hotel mit gehobenem Standard und ein Feriendorf zu errichten. Nun war es höchste Zeit, einen angemessenen Namen für die Küste zu finden. Auf alten Militärkarten fand sich die Bezeichnung „Piscina Rei" für ein Lagunengewässer im sumpfigen Küstenland, ein Hügel trug den Namen „Sa Punta Rei". Schnell stand die Entscheidung fest: „Costa Rei" – „Königsküste". Klang das nicht geradezu famos?

Doch van Alphens Pläne scheiterten an der Realität. Er hatte letztendlich doch die italienischen Gesetze unterschätzt, die einen parzellierten Weiterverkauf des Landes erschwerten. Noch gravierender aber sollte es sich auswirken, dass die Firma seines Vaters 1967 in die Insolvenz schlitterte. Frische Gelder blieben aus, der schöne Traum mutierte zum finanziellen Fiasko. So musste das Prachtstück schließlich wieder losgeschlagen werden. Zwei andere Belgier stiegen ein, kauften den Küstenstreifen und stampften an der Costa Rei eine Touristensiedlung aus dem Boden, die sich entlang des acht Kilometer langen Nordstrandes sowie der kleineren Bucht im Süden erstreckt. Bauliche Schönheit stand jetzt weniger im Fokus, aber zumindest wurde von der Errichtung hoch aufragender Hotelkomplexe abgesehen.

Heute dominieren Apartmentanlagen, Ferienhäuser und Villen die Costa Rei. Die touristische Infrastruktur lässt keine Wünsche offen, seien es Läden, Restaurants, Clubs und Wellnessangebote oder sportliche Aktivitäten und Animation. Sonnenhungrige reihen sich in den Sommermonaten am Strand aneinander, Schnorchler erkunden derweil die abwechslungsreiche Unterwasserwelt vor der Küste. Vogelfreunde bestaunen die Flamingos in der Piscina Rei. Wem all das nicht reicht, der spaziert zu der Megalithanlage aus der Jungsteinzeit, die sich nicht weit vom Strand der Costa Rei befindet.

Doch wer genug vom wuseligen Strandleben hat, der unternimmt einen Ausflug in die Dörfer der umliegenden Berge. Denn dort weht noch immer ein Hauch der Ursprünglichkeit, die diese Region einst ausmachte. Hinter dem Capo Ferrato, das die Costa Rei im Norden begrenzt, schließt sich eine reizvolle Landschaft mit zahllosen Gewässern an, im Bergland der Gemeinde Castiadas locken Oliven-, Zitronen- und Orangenhaine zu Spaziergängen inmitten ihrer fruchtigen Düfte. Die wilden Berge weiter östlich davon sind bis zu 1.000 Meter hoch. Hier laden tiefe Wälder, Schluchten, Wasserfälle, aber auch die Überreste alter Bergwerke zu Entdeckungstouren ein.

Guido von Alphen leitete noch für eine Weile ein Hotel am Golf von Cagliari, bis hohe Steuernachforderungen für seine Geschäfte an der Costa Rei seinen sardischen Traum endgültig zunichtemachten. Gescheitert kehrte er nach Belgien zurück. „Ich habe nun gar nichts mehr dort“, resümierte er im Rückblick enttäuscht, „bis auf mein Herz, das ich an Sardinien verlor.“

Malloreddus con sugo – sardische Nudeln mit Sauce

Zutaten für 4 Personen:

250 g feiner Hartweizengrieß
400 g Hackfleisch (vom Rind oder Lamm)
8 Tomaten
1 Zwiebel
1 kl. Bd. Basilikum
geriebener Pecorino
Olivenöl
Salz und Pfeffer
Mehl für die Arbeitsfläche

Zubereitung:

Den Grieß mit 4 El Olivenöl in eine Schüssel geben und salzen. Mit dem Mixer (Knethaken) langsam vermischen, dabei 200 ml handwarmes Wasser hinzutröpfeln, bis ein fester Teig entstanden ist. Abgedeckt 1 Stunde ruhen lassen. Nun den Teig in 4 Teile teilen und auf der bemehlten Arbeitsfläche zu fingerdicken Würsten ausrollen. Jeweils 3 cm lange Stückchen abschneiden, mit der Gabel flach drücken, sodass Rillen entstehen. Die Innenseite der Stücke an der langen Seite zusammenklappen, nicht andrücken. Nebeneinander auf ein Brett legen und über Nacht trocknen lassen. Zur Zubereitung in siedendem Salzwasser kochen, bis die Malloreddus oben schwimmen.

Für den Sugo die Zwiebel schälen und würfeln, die Tomaten ebenfalls würfeln, die Basilikumblättchen grob hacken. In einer Pfanne etwas Olivenöl erhitzen und die Zwiebeln darin glasig anbraten. Das Hack hinzugeben, mit der Gabel zerdrücken und scharf anbraten. Salzen, pfeffern und die Tomaten beifügen. 10 Minuten bei mittlerer Hitze köcheln, dann das Basilikum unterrühren. Die Malloreddus auf Tellern anrichten, den Sugo darauf verteilen und mit Pecorino bestreuen.

Wie Gespenster im Licht – Geisterdörfer und Ruinen

Fest umfasste Nunzia das Kreuz, das sie an einer Kette trug. Wieder und wieder murmelte sie mit geschlossenen Augen ein Gebet vor sich hin. Doch wenn sie die Augen schließlich öffnete, war noch immer alles wie zuvor. Nichts hatte sich geändert. Mit bleichen Gesichtern saßen sie sprachlos um den Küchentisch herum, sie, ihr Mann, die vier Kinder und die betagten Schwiegereltern, der Nonno und die Nonna. In den Augen nichts als Hoffnungslosigkeit und mühsam unterdrückte Angst, während gegen das Fenster der Regen prasselte. Unaufhörlich, schon seit Tagen.

Schließlich fasste Nunzia sich. Jählings durchfuhr sie ein Zucken, sie schluckte trocken, dann hörte sie sich sprechen. Wie von Ferne klang ihre Stimme, als gehöre sie einer Fremden. „Es ist zwecklos. Wir müssen fort."

Ausdruckslos starrten die anderen sie an. Endlich standen die Worte im Raum. Das, dessen Unabdingbarkeit sie alle ahnten und was doch keiner laut auszusprechen gewagt hatte. Zittern erfasste die Nonna, dann erhob sie sich als Erste. „So soll es sein", pflichtete sie ihrer Schwiegertochter mit bestimmtem Tonfall bei.

Die bittere Gewissheit kam nicht von einem Tag auf den anderen. Schon seit Beginn des Jahrhunderts war es in den

Bergen der Provinz Ogliastra im Osten Sardiniens immer wieder zu heftigen Regenfällen gekommen, die Überschwemmungen nach sich zogen. Nun rächte es sich, dass Gairo, das Heimatdorf der Familie, an einem Steilhang lag. Scheinbar trutzig ragten die Häuser daran empor, wie riesige Burgzinnen zogen sie sich mit zwei, drei oder gar vier Stockwerken am Abgrund entlang. Doch der unablässige Regen fraß sich in die Tiefe, umspülte Erdreich und Fels, bis die alles durchdringende Nässe den Boden schließlich ermatten ließ. Seufzend gab sich der Hang einen Ruck, regenschwer stürzte er zu Tal. Nichts widerstand der gewaltigen Wucht des Schlamms und des Gerölls, die sich immer schneller abwärts wälzten. Keine noch so sorgsam gemauerte Hauswand konnte davor bestehen.

Schon 1928 hatten die ersten Bewohner von Gairo nach heftigen Erdrutschen ihre Häuser aufgegeben. Zwölf Jahre später vertrieben die nächsten Schlammmassen noch weitere Menschen. Doch keine der Regenkatastrophen konnte sich mit der von 1951 messen. Sechs Tage lang, vom 14. bis zum 19. Oktober, schüttete es ununterbrochen wie aus Eimern. Gewaltige Schlammlawinen begruben große Teile des Dorfs unter sich. Auch dem Allerletzten leuchtete es nun ein: Gairo war kein Ort zum Leben, genauso wenig wie Osini, das Dorf am gegenüberliegenden Steilhang.

So beschlossen die Einwohner den Umzug an einen sichereren Platz. Allerdings wollte nicht jeder seine angestammte Heimat einfach aufgeben. Sarden sind bodenständig, sie hängen an ihrer Scholle. Deshalb weigerten sich einige, die vertrauten Berge gänzlich zu verlassen. Andere hingegen suchten mehr Sicherheit, sie wollten lieber weiter östlich in der meernahen Ebene siedeln. Auf den besten Standort für eine gemeinsame Ansiedlung konnten sie sich partout nicht einigen. So kam es, dass sich das alte Gairo in drei neue Ortschaften aufteilte. Die erste davon, Gairo Sant'Elena, entstand gleich oberhalb des alten Dorfs auf der Bergkuppe. Die zweite, Gairo Taquisara, wurde wenige Kilometer entfernt davon im Tal erbaut. Die dritte hingegen, die heute Cardedu heißt, liegt 20 Kilometer weit weg nahe der Küste, an der sich der Sandstrand von Foddini entlangzieht. Doch was geschah mit dem alten Gairo?

Auf einem staubigen Weg nähere ich mich dem Dorf. Zwischen Disteln und grünem Gebüsch stehen sie noch immer wie die Zinnen einer gigantischen Burg: die alten Häuser von Gairo. Aus klaffenden Fensteröffnungen starren sie hinunter von ihrem jähen Abhang. Viele Dächer sind eingestürzt, so manche Wand ist weggebrochen. Gairo ist ein „paese fantasma" – ein Geisterdorf. Und es drängt sich nachgerade zu einer eindrucksvollen Entdeckungstour auf.

Die verfallenen Häuser sollte man dabei besser nicht betreten. Zu groß ist die Einsturzgefahr. Doch die Gassen, die ausgetretenen Treppen und die bröckelnden Gemäuer, die die Natur allmählich zurückerobert, erzählen Geschichten von den Menschen, die hier einst lebten. Ein Blick in ein Fenster, in einen Innenhof oder durch den Spalt in einer verwitterten Tür lässt sie erahnen. Überall schlummern die stummen Zeugen des Gairo von gestern.

Der helle, freundliche Sonnenschein des heutigen Tages steht im scharfen Kontrast zur morbiden Atmosphäre dieses Ortes. Ich stelle mir vor, wie es sein mag, an einem nebelverhangenen Morgen im Herbst oder Winter durch diese Gassen zu streifen. Wie schaurig es dann hier sein muss!

Gairo Vecchio ist eines der bekanntesten, aber beileibe nicht das einzige der Geisterdörfer, die man auf Sardinien erkunden kann. Wahrhaft gespenstisch wirken zum Beispiel die Ruinen von Naracauli, das im Hinterland der Costa Verde liegt. Ein gewaltiger Baukomplex schmiegt sich an einen felsigen Hang, leer und öde glotzen seine Bogenöffnungen und Säulenreihen in die Landschaft. Nur ein paar allzu technisch wirkende Gebilde verraten, dass es sich keinesfalls um die Überreste eines mittelalterlichen Klosters handelt. Und was bedeuten die rostigen Loren, die unweit davon auf den beachtlich hohen Dünen am Strand von Piscinas stehen? Diese Dünen schieben ihre sandige Zunge bis weit ins Landesinnere. Ein üppig grünes Tal verbindet ihre Ausläufer mit Naracauli, das nach kurzem Weg wie ein Phantom darin erscheint.

Naracauli ist eine der zahlreichen verlassenen Minen Sardiniens. 1855 nahm sie ihre Tätigkeit auf, in ihrer Blütezeit zu Anfang des 20. Jahrhunderts lebten an die 5.000 Menschen im zugehörigen Bergarbeiterdorf Ingurtosu. Das Verwaltungsgebäude, „il castello", war im neomittelalterlichen Stil nach dem Vorbild eines deutschen Palasts gestaltet, zur Siedlung gehörten Geschäfte, eine Post, ein Krankenhaus und ein Friedhof.

Auch von Gennamari, nur wenige Kilometer weiter südlich gelegen, existieren bloß noch Ruinen. Wie Mahnmale erheben sich die Mauern der verlassenen Häuser am Hang neben der Provinzstraße, während der Blick über malerische Bergrücken bis hin zum Meer in der Ferne reicht. Eine Schmalspurbahn verband Gennamari und Naracauli mit dem Strand von Piscinas, wo die geförderten Bodenschätze auf Schiffe verladen wurden. Blei, Zink und Silber stellten die Ausbeute dar. Besonders die große Erzwäscherei von Naracauli galt damals als hochmoderne und äußerst innovative Anlage.

Doch der Zweite Weltkrieg führte zu heftigen Gewinneinbrüchen. Viele Kumpel mussten ihre Papiere nehmen, und auch wenn die Minentätigkeit nach Kriegsende noch einmal forciert wurde, so konnte der Niedergang doch nicht mehr aufgehalten werden. 1968 kam das endgültige Aus für die Mine von Naracauli, Gennamari folgte fünf Jahre später. Das Dörflein Ingurtosu, dessen Name vom lokalen Wort für „Geier" abstammt, hat gemäß der letzten Volkszählung heute nur noch ganze neun Einwohner. Naracauli ist ein Denkmal der Industriearchäologie. Wer sich dafür interessiert und Näheres erfahren möchte, kann eine geführte Tour durch die verfallenen Anlagen buchen.

Vielerorts auf Sardinien ist es möglich, solche Reste alter Bergwerke zu entdecken. Die meisten jedoch befinden sich im Südwesten der Insel. Hier liegt die „Küste des Bergbaus". Seit 2001 werden die brachliegenden Minen der Region unter dem Oberbegriff „Parco Geominerario" von der UNESCO als Weltkulturerbe gelistet.

Eine der vielleicht interessantesten Anlagen dieses „Bergbauparks" ist Porto Flavia, ein sehr ungewöhnlicher Hafen. Er liegt dort, wo bei den Klippen von Masua der schon erwähnte Zuckerhut-Fels, der Pan di Zucchero, aus dem Meer ragt. Seit dem 17. Jahrhundert wurden unweit davon Schwefel, Blei, Zink, Silber und Kohle gefördert. Besonders die Kohle gewann mit zunehmender Industrialisierung an Bedeutung, nach dem Ersten Weltkrieg stieg auch der Bedarf an Zink und Blei. Männer und Jungen ab dem Alter von 16 Jahren schufteten in den Minen, und was sie ans Tageslicht beförderten, durchsiebten und sortierten Frauen und Kinder in einer zentralen Waschanlage. In Weidekörben schleppten dann Seeleute das Erz zu ihren kleinen Segelboten, den „bilancelle", mit denen sie es bis zum 20 Kilometer entfernten Hafen Carloforte auf der Insel San Pietro weitertransportierten. Das kleine vulkanische Eiland liegt ganz im Südwesten als letzter Außenposten Sardiniens vor der Weite des Meers. Direkt vor der felsigen Küste des Bergbaugebiets gab es nämlich keinen für größere Schiffe geeigneten Ankerplatz. In Carloforte erfolgte – wiederum in mühsamer Arbeit – das Umschlagen der Erze auf große Dampfschiffe, welche die Rohstoffe zu den Gießereien auf dem europäischen Festland brachten.

Doch diese umständliche Art des Abtransports gestaltete sich äußerst zeitaufwendig und kostspielig. Zudem kam es immer wieder zu Ausfällen, denn stärkerem Seegang konnten die mit schweren Erzen beladenen Bilancelle nicht allzu viel entgegensetzen. Immer wieder kenterten die Schiffchen. Bei anhaltend ungünstigen Wetterbedingungen konnte das vollständige Beladen eines Dampfschiffs in Carloforte mitunter zwei Monate kosten. Das missfiel den Eignern der Minen ganz erheblich. Sie sorgten sich weniger um die harten Arbeitsbedingungen der Schiffer, stattdessen trieben ihnen die hohen Hafengebühren für die lange Liegezeit tiefe Sorgenfalten auf die Stirn.

So engagierten sie schließlich einen Ingenieur, der mit einer praktikablen Lösung für Abhilfe sorgen sollte. Der inspizierte die Küste sehr sorgfältig. Schließlich beschied er, dass die hohen Klippen vor dem Pan di Zucchero der beste Platz seien, um eine Verladestelle zu bauen. Denn hier bot das Meer eine ausreichende Tiefe, die kleine, von Fels gesäumte Bucht versprach außerdem Schutz vor Wind und Wellen. Dumm nur, dass es hier wirklich nichts als schroffe Felswände gab, die fast senkrecht zum Meer hin abfielen. Wie sollte man die Schiffe da erreichen?

Mit enormem Aufwand wurden zwei 600 Meter lange Tunnel durch das Gestein getrieben, die landeinwärts mit dem Zwischenlager für das gereinigte Erz verbunden waren. Direkt vor der meerseitigen Tunnelöffnung oben in den Felsen sollten nun die Dampfschiffe festmachen, die Fracht konnte sodann von oben daraufgeschüttet werden. 1924 nahm die Anlage, die den Namen Porto Flavia erhielt, ihren Betrieb auf. Nun dauerte es nur noch zwei Tage, ein Transportschiff vollständig zu beladen. Dadurch gelang es, die Produktionskosten um satte 70 Prozent zu senken.

Doch auch der Bergbau von Masua überdauerte letztendlich nicht die Krisen, die das 20. Jahrhundert mit sich bringen sollte. In den Neunzigerjahren musste Porto Flavia schließlich stillgelegt werden. Heute ist die ungewöhnliche Verladestelle ein beliebtes Ausflugsziel. Ehemalige Arbeiter und Bergbautechniker führen Touristen durch die Tunnelanlagen.

Iglesias, zusammen mit dem gut 20 Kilometer südlicher gelegenen Carbonia eine der beiden Hauptstädte dieser Bergbauregion, hat den Niedergang einigermaßen verkraftet. Immerhin noch gut 26.000 Einwohner leben in Iglesias, 2.000 mehr in Carbonia. Wegen des vergleichbaren Schicksals pflegen beide Städte Partnerschaften mit Oberhausen im Ruhrgebiet. Bergbaumuseen sowie alte Stollen, Fördertürme und Erzaufbereitungsstätten locken interessierte Reisende sowohl nach Carbonia als auch nach Iglesias. Diesen Städten blieb es erspart, wie so viele andere Bergarbeitersiedlungen zu verwaisen und sich zum „paese fantasma“ zu verwandeln.

Doch bekanntlich haben nicht alle Geisterdörfer Sardiniens ihr Schicksal dem Niedergang des Bergbaus zu verdanken. „Ich bin froh, dass meine Großeltern sich für Cardedu entschieden haben, als Gairo damals aufgegeben werden musste“, sagt Marco. Er ist der Enkel von Nunzia, die 1951 den Entschluss fasste, das erdrutschgefährdete Bergdorf mitsamt ihrer Familie zu verlassen. Heute führt Marco in Cardedu ein kleines Hotel. „Der Strand ist herrlich, er erstreckt sich über 15 Kilometer zwischen den Basaltklippen von Punta su Mastixi im Norden und den rötlichen Felsen von Sa Perda Pera im Süden. Weißer Strand, klares Wasser, was will man mehr? Das zieht viele Urlauber hierher.“

Marco nickt zufrieden. „Manchmal nehme ich unsere Gäste mit auf einen Ausflug in die Berge der Ogliastra", fährt er fort. „Dann zeige ich ihnen Gairo und das Haus, in dem meine Großeltern gelebt haben, als meine Eltern noch kleine Kinder waren. Das Dach ist längst in sich zusammengefallen, manche Mauern sind eingestürzt."

Nachdenklich legt er die Stirn in Falten. „Doch mitunter, wenn ich dort bin, ist es mir fast, als sähe ich meine Nonna Nunzia dort am Fenster stehen. Dann spüre ich die Verzweiflung, die sie damals erfasst haben muss. Aber auch ihre Entschlossenheit, ihren stets siegenden Optimismus, ihre Tatkraft und ihren Mut zu einem neuen Anfang."

Culurgionis d'Ogliastra – Teigtaschen nach Art der Ogliastra

Zutaten für 4 Personen:

400 g Hartweizenmehl
400 g mehlig kochende Kartoffeln
400 g Dosentomaten (stückig)
200 g geriebener Pecorino
100 g Ziegenfrischkäse
6 El Olivenöl
1 kl. Handvoll Basilikumblättchen
4 Blättchen Minze
2 Knoblauchzehen
geriebene Muskatnuss
Salz und Pfeffer
Mehl für die Arbeitsfläche

Zubereitung:

Das Mehl in eine große Schüssel geben, salzen und 2 El Olivenöl hinzugeben. Nun nach und nach 200 ml (ggf. etwas mehr) handwarmes Wasser hinzufließen lassen, dabei mit den Händen verkneten, bis ein geschmeidiger Teig entstanden ist. Sollte der Teig zu sehr kleben, noch etwas Mehl hinzugeben. Dann abdecken und 1 Stunde lang quellen lassen.

Die Kartoffeln 20 Minuten mit der Schale in gesalzenem Wasser garen, anschließend pellen und mit dem Kartoffelstampfer zu Brei verarbeiten. Die Knoblauchzehen pellen, die Minzeblättchen waschen, beides fein hacken und zusammen mit 2 El Olivenöl, 130 g Pecorino und dem Ziegenfrischkäse unter die abgekühlte Kartoffelmasse mischen. Salzen, pfeffern und mit Muskatnuss würzen.

Die Arbeitsfläche mit Mehl bestäuben und den Teig darauf dünn ausrollen. Mit einer Tasse Kreise ausstechen, in deren Mitte jeweils einen guten Klecks der Kartoffelmasse geben. Nun den Teig um die Masse klappen und an den Rändern gut zusammendrücken. Dabei mit dem Daumen schräg Vertiefungen in den Rand drücken, sodass die fertige Teigtasche an eine Ähre oder an eine längliche Muschel erinnert (wenn das optisch nicht so recht gelingen will, ist es nicht schlimm). 20 Minuten lang auf einem mehlbestäubten Geschirrtuch trocknen lassen.

Das restliche Olivenöl mit den Tomaten in einen Topf geben, salzen, pfeffern, aufkochen, dann die Hitze reduzieren und die Sauce ¼ Stunde lang bei milder Hitze köcheln lassen. Gelegentlich rühren. Die Basilikumblättchen klein zupfen und kurz vor dem Servieren unterrühren.

In einem großen Topf reichlich Salzwasser aufkochen, die Teigtaschen hineingeben und die Hitze reduzieren, sodass das Wasser nur noch leise simmert. Wenn die Teigtaschen nach oben gestiegen sind, noch 2 Minuten ziehen lassen, dann mit dem Schaumlöffel herausnehmen und gut abtropfen lassen.

Den größten Teil der Tomatensauce auf Tellern verteilen, die Culurgionis darauflegen, mit der restlichen Sauce beträufeln und mit dem übrigen Pecorino bestreuen.

Culurgionis sind ein typisches Gericht aus der Ogliastra, der bergigen Region im Osten Sardiniens. Von Dorf zu Dorf variieren Name und Zubereitungsart leicht. Echte Culurgionis aus der Ogliastra, die auf Sardinien in Supermärken erhältlich sind, dürfen nach Beschluss der EU das Siegel „IPG" tragen, es steht für „indicazione geografica protetta" – geschützte Herkunftsbezeichnung. Traditionell soll die Form der Teigtaschen einer Ähre entsprechen, doch das richtig hinzubekommen, erfordert viel Geschick. Im Zweifel kann man die Teigtaschen auch einfach wie Ravioli verschließen, Hauptsache, die Ränder halten zusammen.

Verborgene Offenbarungen – Sardinien von unten

Fährt man von Cardedu in Richtung Norden, so erreicht man nach 20 Minuten Arbatax. Ein Muss, wie ich finde, denn ich habe Fotos von den bizarren roten Felsen gesehen, die sich dort gleich am Meer erheben. Sie sehen aus wie eine fantastische Kathedrale, von einem fantasiebegabten Architekten wie Antoni Gaudí entworfen.

„Was willst du denn ausgerechnet in Arbatax", wundert sich Isabella, die meine Begeisterung für Gesteinsformationen nicht so recht nachvollziehen kann. „Arbatax zählt nicht zu den schönsten Küstenstädten Sardiniens. Es wurde im Zweiten Weltkrieg stark beschädigt, deshalb ist vom Flair des früheren Fischerdorfs nicht mehr viel zu spüren. Außerdem hat es nur etwas mehr als 2.000 Einwohner, da ist also nicht viel los. Dafür gibt es einen Fährhafen und Industrie, zum Beispiel eine Papierfabrik. Und der Trenino Verde, die Schmalspurbahn, mit der man hinauf in die Berge der Ogliastra fahren konnte, verkehrt auch nicht mehr. Das ist sehr schade, denn die Strecke war wirklich schön."

Nur weil es ohnehin auf unserem Weg nach Norden liegt, kann ich sie dazu überreden, einen Stopp in Arbatax einzulegen. Die Industriekräne, auf die unser Blick so ziemlich als Erstes fällt, scheinen ihr recht zu geben. Gleich als Nächstes erspähen wir aber die ersehnten roten Felsen, die „rocce rosse", und für unsere Bequemlichkeit sorgt ein riesiger Parkplatz gleich nebenan. Die Felsen sind längst nicht so groß und imposant, wie ich es erwartet hatte.

Interessant ist das Loch darin, durch das man das Meer im Hintergrund blitzen sieht. Allerdings verraten die geraden Kanten, dass dieses Fenster wohl von Menschenhand hineingeschnitten sein muss. Isabella beäugt mich und kann ihr Grinsen kaum verbergen. „Siehst du", meint sie, „kaum der Rede wert. Wenn du etwas mehr Spektakel suchst, dann geh hinaus auf die Mole und schau den Felsenspringern zu!" Die roten Felsen von Arbatax werden nämlich von den hiesigen Kids als natürliche Sprungtürme genutzt. Sie klettern daran empor und stürzen sich todesmutig ins kristallklare Nass. „Aber keine Sorge", lacht Isabella, „das ist weniger gefährlich, als es aussieht. Die wissen, was sie tun."

Als sie schon bald darauf zur Weiterfahrt mahnt, denn schließlich erwarte uns nur ein kurzes Stück weiter nördlich der Golf von Orosei mit seiner Steilküste und dem großen Naturschutzgebiet, gelingt es mir eben noch, wenigstens ein paar Fotos der attraktiven Felsen aufzunehmen. Warum nur sind diese so rötlich und unterscheiden sich vom grauen Gestein gleich daneben?

Es handelt sich um Porphyr, ein vulkanisches Gestein, in dem große Kristalle eingeschlossen sind. Man fasst unter diesem Begriff allerdings alle Gesteine mit einem solchen Gefüge zusammen, rein wissenschaftlich müsste man den Porphyr von Arbatax deshalb als Rhyolith bezeichneten. Bei den grauen Felsbrocken hingegen handelt es sich um Granit, ein magmatisches Gestein. Beide Gesteinsarten sind eng miteinander verwandt, dass sie nahe beieinander auftreten, ist deshalb nicht ungewöhnlich. Der wesentliche Unterschied besteht darin, dass Rhyolith aus bereits zuvor im Untergrund langsam abgekühltem Magma entsteht, das bei einem Vulkanausbruch mitgerissen wird und infolgedessen nun deutlich schneller erkaltet. Granit hingegen wird allein durch die allmähliche Kristallisation von aufsteigendem Magma tief im Inneren der Erdkruste gebildet. Die rostrote Farbe verdankt der Rhyolith seinen eisenhaltigen Bestandteilen von Hämatit.

Nun ist es an der Zeit, einen Blick auf Sardiniens Entstehungsgeschichte zu werfen. Die wilden Felsformationen, die Tropfsteinhöhlen und der Reichtum an Bodenschätzen lassen selbst Laien erkennen, dass es in Sardiniens Untergrund hoch hergehen muss. Oder besser gesagt, hoch hergehen musste, denn die bewegten Zeiten sind vorbei. Im Gegensatz zu anderen Regionen im Mittelmeerraum ist es hier zumindest aus geologischer Sicht ziemlich ruhig. Es gibt keine aktiven Vulkane, und mit größeren Erdbeben ist auch nicht zu rechnen. Doch das sah nicht immer so aus.

Für Geologen ist Sardinien ein Eldorado. Hier finden sich Gesteine aus fast allen erdenklichen Zeitaltern unserer Erde. Als sich in der jüngeren Hälfte des Erdaltertums der Superkontinent Pangäa bildete, entstand im Bereich des heutigen Sardiniens ein gewaltiges Gebirge. Bis zum Erdmittelalter trug die Erosion dieses in großen Teilen wieder ab, es folgte eine Phase, in der sich das Land abwechselnd hob und wieder senkte. Während der Senkungen wurde es überflutet, dabei lagerten sich kalkhaltige Überreste von Meeresbewohnern wie Korallen und Mikroorganismen ab. Die Hebungen hingegen warfen neue Gebirge oder Grabenrisse auf.

Bedingt durch die Kontinentalverschiebung lösten sich Sardinien und Korsika schließlich in der Erdneuzeit vor etwa 11,5 Millionen Jahren vom heutigen Frankreich, mit dessen Festlandsockel sie bis dahin verbunden gewesen waren.

Gemeinsam bilden die beiden Inseln seitdem eine Mikroplatte, also eine winzige Kontinentalplatte zwischen den beiden Giganten, der Eurasischen und der Afrikanischen Platte. Durch den Druck, den die nach Norden wandernde Afrikanische Platte ausübt, verschob sich die Mikroplatte vor etwa 6 Millionen Jahren um 45 Grad in Richtung zum italienischen Festland hin. Diese enorme Bewegung verursachte heftige Erdbeben und sorgte außerdem für eine sehr lebhafte vulkanische Tätigkeit. Doch vor etwa 10.000 Jahren ist Ruhe eingekehrt.

Die Zeugen dieser bewegten Geschichte findet man heute in den verschiedenen Regionen Sardiniens. In nord-südlicher Richtung verläuft ein Grabensystem längs durch die ganze Insel, an dessen Rändern neben den Hinterlassenschaften des Vulkanismus auch mächtige Schichten aus magmatischem Untergrundmaterial aufgetürmt sind. Besonders dem Nordwesten der Insel verpassen diese sein typisches Erscheinungsbild, wobei hier auch Schiefer aus dem Erdaltertum zu finden sind. Im Südwesten hingegen überwiegen metamorphe Gesteine, also solche, die ihre Struktur durch enormen Druck und hohe Temperaturen in großer Tiefe verändert haben und später durch Aufwerfungen und die erosionsbedingte Abtragung höherer Schichten an die Oberfläche getreten sind. Im Norden dominieren magmatische Tiefengesteine wie Granit, im Süden neben dem Sedimentgestein Schiefer vor allem Gneise, die zu den metamorphen Gesteinen gehören.

Dazu findet man vielerorts die Kalkablagerungen, die während der früheren Überflutungen entstanden sind. Sie haben die hellen Gesteinsschichten gebildet, denen Sardinien seine weißen Traumstrände, aber auch die prächtigen Farbspiele des Meeres verdankt. Wassermoleküle verursachten eine Streuung des Sonnenlichts, wobei dessen rote Anteile absorbiert, die blauen Anteile hingegen reflektiert werden. Lichter

Untergrund sorgt dabei für ein besonderes Strahlen und setzt das Blau daher optimal in Szene. Hinzu können durch Phytoplankton verursachte Effekte kommen, die ins Grünliche spielende Farbnuancen entstehen lassen. So ergeben sich all die fantastisch strahlenden Schattierungen von Smaragd, Türkis und Aquamarin.

Den Kalkgesteinen ist es auch zu verdanken, dass es auf Sardinien bemerkenswert viele Tropfsteinhöhlen gibt. Zwei davon, die Grotten des Neptuns bei Alghero und die Corbeddu-Höhle bei Orgosolo, haben wir schon kennengelernt. Man kann beide besuchen, bei letzterer empfiehlt sich die Vorabbuchung einer Tour mit kundigem Guide, da man sonst nicht weit in die Höhle vordringen kann. Einige weitere Höhlen sind für Besucher geöffnet, zum Beispiel die imposante Grotta su Marmuri beim Dörflein Ulassai in der Barbagia der Berge von Ogliastra. Auch hier gibt es Führungen. Ganz in der Nähe dieser Grotte kann man außerdem die Wasserfälle Cascate di Lequarci bestaunen, die besonders nach stärkeren Regenfällen sehr eindrucksvoll sind. Sie stürzen bei einer Breite von 70 Metern zunächst an einer Steilwand und anschließend über mehrere Kaskaden annähernd 100 Meter in die Tiefe.

Erwähnenswert sind auch die Grotten Sa' Oche und Su Bentu, die zwischen Nuoro im Westen und Cala Gonone im Osten in der Barbagia liegen. Zusammengenommen gehören sie zu den größten Höhlensystemen Europas, sie bestehen aus kilometerlangen Hohlräumen und bis zu 100 Meter hohen Hallen voller Stalagmiten und Stalaktiten. „Bentu" bedeutet „Wind", dieser Teil des Systems ist nur erfahrenen Höhlenforschern zugänglich. In Sa' Oche, der tiefer am Hang liegenden Höhle, verursacht die Luft, die bei heftigen Unwettern von Su Bentu aus dort hineingedrückt wird, Lärm, der wie lautes Brüllen klingt. Die beiden Höhlengefüge sind nämlich durch ein riesiges Loch miteinander verbunden. Bei heftigen Regenfällen pressen die in Su Bentu eindringenden Wassermassen Luft abwärts durch dieses Loch, was lautes Getöse verursacht. Das sardische Wort „oche“ heißt denn auch nichts anderes als „Stimme“.

In der Steilküste des Golfs von Orosei verbirgt sich vier Kilometer südlich von Cala Gonone die Grotta del Blue Marino, mit 15 Kilometern Ausdehnung die längste Tropfsteinhöhle Sardiniens. Zumindest auf einer zwei Kilometer langen Strecke kann man über einen Weg in sie hineingehen. Man erreicht sie am besten mit dem Boot, sie ist im vorderen Teil geflutet, sodass sich die angestrahlten Tropfsteingebilde auf märchenhafte Weise im Wasser spiegeln. Zwölf Kilometer südlich davon liegt die Grotta del Fico ebenfalls in den Klippen der Küste, ihre filigranen Tropfsteingebilde gehören zu den schönsten der Insel. Sie kann im Rahmen einer geführten Tour besucht werden. In der Region am Golf von Orosei, wo sich auch der Nationalpark Gennargentu befindet, gibt es außerdem noch ein paar weitere Tropfsteinhöhlen zu entdecken.

Doch auch überirdisch haben Wind und Wetter faszinierende Gebilde aus dem sardischen Untergrund geformt. Neben den auffälligen Porphyr-Felsen von Arbatax kann man vielerorts bizarre Felsskulpturen bestaunen, zum Beispiel die „Roccia dell'Orso“, die „Bärenfelsen“ am Capo d'Orso, das im Norden Sardiniens gegenüber dem Inselarchipel La Maddalena liegt. 120 Meter über der Küste erhebt sich diese auffällige Felsformation, der die Landspitze ihren Namen verdankt. Denn tatsächlich wirkt es, als wache ein steinerner Bär über die Küste. Der Felsenbär besteht aus Granit und ist durch die sogenannte Wollsackverwitterung entstanden, die durch Klüfte im Gestein begünstigt wird und bei der physikalische und chemische Prozesse allmählich zu Blöcken mit abgerundeten Kanten führen. Man erreicht Roccia dell'Orso über einen aussichtsreichen Aufstieg von etwa 500 Metern Länge und wird oben für die Mühe mit einem fabelhaften Panorama über La Maddalena sowie das am Horizont liegende Korsika belohnt.

Auch im Landesinneren kann man vielerorts wilde Felsgebilde bestaunen, zum Beispiel an der Schlucht „Scala di San Giorgio" bei Osini in den Bergen der Ogliastra. Bis zu 100 Meter tiefe Klüfte ziehen sich hier durch die Dolomitwände, ein einzelner schmaler Felskamm ragt steil in den Himmel empor. Eine enge, aber immerhin asphaltierte Straße windet sich am Grund der Schlucht entlang, was die Besichtigung sehr einfach macht. An einem imposanten Felsspalt führt ein Pfad schluchtaufwärts, teilweise über Stufen erreicht man einen Aussichtspunkt, von dem sich ein wirklich spektakulärer Blick über Felsen und Berge eröffnet.

Inzwischen haben wir Arbatax den Rücken gekehrt und befahren die Staatsstraße weiter in Richtung Norden. Wir sind gerade erst gut 13 Kilometer gefahren, da bittet Isabella mich, rechts abzubiegen. Auf meine Frage, „warum?", antwortet sie nur lapidar: „Du wirst schon sehen!"

Nach wenigen Kilometern haben wir die Küste erreicht. Schroff fallen die Berge mit gewaltigen Steinwänden zum Meer hin ab. Eine einsame Felsnadel ragt aus dem wogenden Blau. „Pedra Longa", klärt Isabella mich auf, „der lange Stein!" Dann weist sie nach Norden, wo sich die Klippenküste allmählich im Flirren der Ferne verliert. „Mit dieser markanten Küstenlinie verschafft sich die Hochebene von Su Golgo einen spektakulären Abgang ins Tyrrhenische Meer." Sie zieht die Brauen zusammen und zeigt nun nach Osten. „Nächster Halt in dieser Richtung: Punta Licosa, eine Landspitze im Cilento, die den

Golf von Salerno im Süden begrenzt. Wenn du dich immer genau parallel zur geografischen Breite orientierst, bist du nach 450 Kilometern da!“

Nach diesem ersten Überblick fahren wir zurück auf die Staatsstraße, nur um sie im Dorf Baunei gleich wieder rechts zu verlassen. In steilen Serpentinen windet sich die schmale Straße bergan. Schon bald weist mich Isabella an, rechts anzuhalten. Wir haben Sclaradorgiu S. Franciscu erreicht, einen Aussichtspunkt, der uns ein wirklich großartiges Panorama über das Dorf Baunei, die grüne Küstenebene, das Meer und die Berge der Ogliastra schenkt. Kein Wunder, denn wir befinden uns jetzt gute 500 Meter über dem Meeresspiegel!

„Hier ganz in der Nähe ist Grutta ‘e Janas“, sagt Isabella und weist zum Abgrund am Südhang. „Allerdings ist es nur von unten erreichbar, denn es befindet sich auf einem kleinen Vorsprung mitten in der Felswand. Vom Dorf aus gibt es einen befestigten Weg. Es handelt sich um mysteriöse Steinritzungen aus der Jungsteinzeit, man vermutet, dass der Ort damals kultischen Zwecken diente. Und in der darüberliegenden Grotte hat man noch viel mehr Steingravuren entdeckt.“

Nachdem wir die Aussicht hinlänglich auf uns haben wirken lassen, fahren wir noch ein Stück weiter auf die Hochebene Su Golgo hinauf. Ihr Untergrund besteht in der Tiefe aus Kalkstein, doch aufgrund der vulkanischen Aktivität während der Rotation der sardischen Mikroplatte erhielt dieser einen Überzug aus dunklem Basalt. Das hat zu einem interessanten Phänomen geführt: der Karsthöhle Su Sterru.

Wir haben das Auto abgestellt und sind zur Öffnung dieser Höhe spaziert. Ein bisschen enttäuscht betrachte ich das Loch, das sich hier im Boden auftut. Auch wenn die Länge des elliptischen Spalts beachtliche 25 Meter ausmacht, ist er letztlich doch nicht mehr als ein Loch. „Das eigentlich Spektakuläre bleibt dem Auge von hier aus verborgen", meint Isabella. „Um es zu verstehen, müsstest du dich in die Höhle abseilen."

Was wir sehen, ist nur eine kleine Öffnung im Basalt. Diese Basaltschicht ist etwa 30 Meter dick, darunter befindet sich an dieser Stelle eine gigantische Höhle im Kalkgestein, die 270 Meter in die Tiefe hinabreicht. Wie ein Flaschenkorken ist ein Stück der Basaltdecke eingebrochen und hat somit einen Eingang zu der riesigen Karsthöhle geschaffen. Aber abseilen? Nein danke.

Nun deutet Isabella nach Norden. „Wenn wir mehr Zeit hätten, könnten wir jetzt zur Bucht Cala Goloritzè wandern. Das ist eine richtige Paradiesbucht, weißer Kiesstrand, grell türkis leuchtendes Wasser und ringsum wilde Felsen. Märchenhaft schön, doch nur zu Fuß oder mit dem Boot erreichbar. Und Schiffe dürfen sich dem Ufer nur bis auf 200 Meter nähern, damit nicht zu viele Touristen den Strand stürmen. Die Wanderung von hier oben aus ist aber gar nicht so lang, man braucht etwa anderthalb Stunden für den Weg, und natürlich muss man ganz schön kraxeln, denn es geht fast 500 Meter hinab. Aber es lohnt sich!" Ich verziehe das Gesicht bei der Vorstellung, die 500 Meter nach dem Strandbesuch wieder emporklimmen zu müssen.

„Siehst du", feixt sie, als wir das Auto wieder erreicht haben. „Da kannst auf Sardinien die fantastischsten Naturwunder entdecken. Alles, was du dazu brauchst, ist etwas Zeit. Und natürlich ein ganz kleines bisschen Kondition!"

Torrone – sardischer Nougat

Zutaten:

500 g Mandeln
500 g Honig
2 Eiweiße
Backoblaten (rechteckig oder quadratisch)
Salz

Zubereitung:

Sollten die Mandeln noch ihre braune Haut haben, taucht man sie kurz in kochendes Wasser, schreckt sie mit kaltem Wasser ab und schiebt sie sodann aus der Haut. Die Mandeln auf Küchenkrepp trocknen lassen.

Den Honig in einen Topf (optimalerweise aus Kupfer) geben und so lange mit einem Holzlöffel kräftig aufschlagen, bis er hell und cremig geworden ist. Die Eiweiße mit einer guten Prise Salz zu sehr festem Eischnee schlagen. Diesen unter den Honig heben und alles zu einer gleichmäßigen Masse vermengen.

Nun den Topf mit der Masse ins Wasserbad stellen und langsam erhitzen, bis das Wasser sprudelnd kocht. Dann 1½ Stunden im kochenden Wasserbad lassen, dabei regelmäßig rühren und darauf achten, dass die Masse nicht am Topfrand festklebt. Nach Ablauf der Zeit die Mandeln unterziehen.

Den Boden einer flachen Form mit den Backoblaten belegen und die Masse etwa 3 cm dick darauf verstreichen. Ganz abkühlen lassen, dann ein Messer in heißes Wasser tauchen und den Rand damit von der Form lösen. Den Torrone herausnehmen und nach Belieben in Stücke schneiden.

Das Rezept für Torrone stammt ursprünglich aus dem arabischen Raum und wurde von den Mauren nach Spanien gebracht. Als „Turrón" ist er besonders in den Regionen an Spaniens Ostküste beliebt. Von dort fand er seinen Weg nach Sardinien, wobei er auch auf dem italienischen Festland und in Südfrankreich verbreitet ist.

Die Sarden sind jedoch besonders stolz auf ihre Torrone-Tradition. Sie sind der festen Überzeugung, dass erst der aromatische Honig der Insel für den richtigen Geschmack dieser Leckerei sorgt. Besonders das Barbagia-Dorf Tonara, im Dreieck zwischen Nuoro, Oristano und Arbatax, also ziemlich genau in der Mitte der Insel gelegen, gilt als Zentrum der sardischen Torrone-Herstellung. Nach alter Sitte wird Torrone hier in großen Kupferkesseln von Hand gerührt, jede Familie hütet ihr eigenes Geheimrezept. Doch der wesentlichste Unterschied zu industriell hergestelltem Torrone liegt im völligen Verzicht auf raffinierten Zucker oder Glukosesirup und der ausschließlichen Verwendung von Honig als Süßungsmittel. Früher zogen die Torronemacher, die „Torronai", mit dem Eselskarren von Dorf zu Dorf und verkauften ihre süße Last. Am Osterwochenende findet in Tonara alljährlich ein Torrone-Festival statt.

Säulen im Feindesland – auf der Suche nach den Römern

Einmal auf den Geschmack sardischer Höhlen gekommen, habe ich mir auch die Höhle von San Giovanni nicht entgehen lassen. Sie befindet sich bei Domusnovas, einer Gemeinde, die östlich der Bergbaustadt Iglesias im Südwesten von Sardinien liegt. Auch die „Grotta di San Giovanni" ist eine Tropfsteinhöhle – schon wieder, mag man da denken. Doch diese Höhle kann mit einer wirklich kuriosen Besonderheit aufwarten. Denn auf einer Länge von 850 Metern führt eine asphaltierte Straße durch sie hindurch.

Bis vor geraumer Zeit konnte man denn auch tatsächlich mit dem Auto durch die San-Giovanni-Höhle fahren. Mittlerweile ist sie allerdings für den KFZ-Verkehr gesperrt, man darf nur noch mit dem Fahrrad oder dem Motorroller hindurchfahren. Doch am liebsten will die Höhle zu Fuß erkundet werden. Das ist zwar nicht ganz so außergewöhnlich, aber sicherlich die angemessenere Weise, sich diesem Naturwunder zu nähern. Die Höhle wurde durch einen Wasserlauf ausgespült, sie ist teilweise beleuchtet und beherbergt neben Fledermäusen und anderen Höhlenbewohnern mancherlei Tropfsteingebilde. Besonders an heißen Tagen bietet der Spaziergang durch die kühle Dunkelheit eine angenehme Erfrischung, und dazu ist der Eintritt auch noch kostenlos!

Heiß ist es wirklich, deshalb bin ich am nächsten Morgen schon in aller Frühe aufgebrochen, um mir eine weitere Besonderheit in dieser Region anzusehen. Denn inzwischen hat sich mir eine Frage gestellt. Es gibt so viele Nuraghen auf Sardinien – gerade gestern habe ich noch das Nuraghendorf Matzanni mit seinen bronzezeitlichen Bauten besichtigt, das sich ebenfalls in den Bergen bei Domusnovas befindet. Doch was ist mit den Römern? Wir wissen ja, dass die sardischen Ureinwohner ihnen recht viel Widerstand entgegensetzten, aber haben sie denn so gar nichts auf Sardinien hinterlassen?

Da hörte ich von einem einsamen Tempel aus römischer Zeit, der sich im bewaldeten Bergland nördlich von Iglesias befindet. Diesen habe ich deshalb zum Ziel meiner heutigen Exkursion auserkoren. Ein bisschen römische Antike, ich finde, das gehört einfach zu Italien!

Doch es wäre nicht Sardinien, wenn die Spuren der Römer nicht mit den Menschen der Nuraghenzeit verbunden wären. Und so liegt denn auch eine nuraghische Siedlung mit zugehöriger Gräberstätte auf einer Anhöhe gleich neben dem römischen Tempel. Diese Siedlung ist im 13. vorchristlichen Jahrhundert entstanden, und es gibt Hinweise darauf, dass die Menschen, die hier lebten, eine Gottheit namens Babai verehrten. Babai zu Ehren errichteten sie eine Kultstätte, und dieser kam offenbar eine ganz besondere Bedeutung zu. Darauf ließen die Ergebnisse der bisherigen Ausgrabungen zumindest schließen.

Den spirituellen Sog, den dieser Ort ausübte, nahmen auch die Punier aus Nordafrika wahr, als sie im Lauf des 5. Jahrhunderts v. Chr. nach Sardinien vordrangen. Sie errichteten deshalb einen eigenen Tempel auf den Grundmauern des nuraghischen Heiligtums. Auch importierten sie ihre eigene Gottheit, Sid, dem von nun an hier gehuldigt werden sollte. Doch dieser karthagische Kriegergott verschmolz in der Vorstellungswelt der Einheimischen mit dem altgewohnten Gott Babai.

238 v. Chr., drei Jahre nach Ende des Ersten Punischen Krieges, errang die aufstrebende Großmacht Rom die nominelle Herrschaft über Sardinien. Doch genau wie die Punier zuvor mieden auch die Römer das Landesinnere der Insel, das deshalb de facto autonom blieb. Hier lebte das unbeugsame Volk der Sarden und machte sein eigenes Ding.

Dass es jedoch kaum zehn Kilometer hinter der südwestlichen Küste ein wichtiges Heiligtum gab, blieb auch den Römern letztlich nicht verborgen. Und dieses sollte irgendeinem punischen Gott gewidmet sein? Noch dazu im Baustil der verachteten Punier errichtet? Nein, das ging nun wirklich nicht, beschieden die Römer schließlich, als ihr Reich nach dem Ende der Republikzeit immer größere Blüte und Macht erlangte. Unter Kaiser Augustus wurde der Tempel deshalb abgerissen und im zeitgemäßen römischen Stil neu aufgebaut. Später, nämlich im dritten Jahrhundert zur Zeit des Kaisers Caracalla, hat man ihn noch einmal gründlich renoviert. Nur die nordwestliche Ausrichtung des Bauwerks verrät noch, dass es sich ursprünglich um kein römisches Heiligtum handelte. Denn die Römer richteten ihre Tempel üblicherweise in Richtung Osten aus.

Den neuen Tempel weihten die Römer Sardus Pater, dem „sardischen Vater“, einer Gottheit, die in direkter Nachfolge des punischen Sid und damit auch des Babai aus nuraghischer Zeit stand. Hier fand also über die Jahrhunderte hinweg eine Verschmelzung religiöser Vorstellungen statt, mit der letzten Endes wohl jeder ganz gut leben konnte. Diesen bemerkenswerten Ort möchte ich heute besuchen.

Weil der Tag noch jung ist, hat sich vor dem Kassenhäuschen bisher keine Schlange gebildet. Kaum trete ich aus dem

Schatten des Waldes, der sich hier um die Berge schmiegt, liegt er auch schon vor mir: der Tempel von Antas. Umgeben von grünen Hügeln ragt er aus dem dürren Gras eines kahlen Plateaus empor, nur der Gesang der Zikaden übertönt die Stille des Ortes. Sechs Säulen sind erhalten geblieben und streben in den blauen Himmel, der Rest ist verfallen, auch wenn der Altar und ein Teil des Mosaikbodens noch gut zu erkennen sind. Der Tempel von Antas war nur ein recht bescheidenes Heiligtum. Der zentrale Bau maß 25 Meter in der Länge bei einer Breite von knapp zehn Metern. Es gibt weitaus größere und beeindruckendere Tempelanlagen auf dem italienischen Festland, und trotzdem erfreut mich der Anblick. Schließlich sind es die antiken Säulen gewesen, die die Reisenden der Deutschen Klassik, allen voran den erklärten Italien-Fan Goethe, so sehr in Entzücken versetzten. Was wäre also Italien ohne die Zeugen der Antike?

Es ist wohl ein bisschen Italien-Elysium, das ich beim Anblick der einsamen Ruinen des Tempels von Antas empfinde. Auch wenn ich natürlich weiß, dass Sardinien nicht mit dem restlichen Italien gleichzusetzen ist, so spüre ich doch den Hauch eines glückseligen „Ach ja, ich bin ja in Italien"-Gefühls. Und wem das nicht reicht – zugegeben, es ist ein klein wenig dürftig –, der kann noch zu den Resten des Nuraghendorfs marschieren oder sich den Steinbruch ansehen, aus dem die Römer den Kalkstein für ihren Tempel gebrochen haben. Man könnte auch durch den lichten Wald wandern, der das Ganze umgibt, und sich auf die Suche nach der jahrhundertealten Korkeiche begeben, die man nach einem etwa zehnminütigen Spaziergang erreicht. In zwei Kilometern Entfernung vom Tempel findet sich auch eine Tropfsteinhöhle – wer ist davon jetzt noch überrascht? In ihrem Eingangsbereich öffnet sich sie zu einer Halle, in der man in römischer Zeit einem Wasserkult huldigte. Also ist sie sozusagen ein weiterer römischer Tempel, wenn auch ein völlig anders gearteter. Der Spazierweg, der vom Tempel von Antas zu dieser „Grotta di Su Mannau" führt, existiert schon seit der römischen Antike. Und dass die Ruinen der nächsten aufgelassenen Mine, der „Miniera di Su Zurfuru", von dort nur noch drei Kilometer entfernt sind, kann auch nicht mehr wirklich verwundern. Zwischen 1889 und 1993 wurden hier Zink und Blei gefördert.

Zum Entspannen geht es nach all diesen Erkundungen an den Strand von Portixeddu, denn bis dahin sind es jetzt nur noch rund elf Kilometer. Oder zum Capo Pecora, einer felsigen Landspitze, welche die Bucht von Portixeddu im Norden begrenzt und großartige Ausblicke gewährt. So man sich denn die Mühe macht, über die Trampelpfade zu wandern, die das Kap umgeben. Auf ihnen gelangt man weiter nördlich zur Cala Is Tramatzus, auch „Spiaggia delle Uova" genannt – Strand der Eier. Denn diese oft ganz menschenleere Bucht liegt tatsächlich voller glattgeschliffener Kiesel, die wie Eier aussehen.

Aber ich habe meine römische Spurensuche noch nicht ganz abgeschlossen. Deshalb fahre ich weiter nach Süden bis in die Bucht von Cagliari. An deren westlichem Ende ragt eine kleine Halbinsel ins Meer hinaus. Sie endet mit dem Capo di Pula, das die Einheimischen allerdings „Sa punta 'e su koloru" – „Schlangenkap" – nennen, und ich frage jetzt lieber nicht, warum. Pula, die gleichnamige Stadt, liegt landeinwärts, sie ist lebhaft, bunt und sympathisch, durchzogen von verwinkelten Gässchen, an die sich schmucke Patrizierhäuser reihen. Doch wo haben sich die Römer versteckt?

Um ihre Hinterlassenschaften zu finden, muss ich mich bis auf die kleine Halbinsel hinausbegeben und mich damit dem „Schlangenkap" gefährlich nähern. Denn hier liegen die Ruinen von Nora, einer der ältesten Städte Sardiniens.

Sie wurde keineswegs von den Römern gegründet, sondern bereits von den Phöniziern, die im 9. Jahrhundert v. Chr. aus der Levante hierherkamen. Sie kolonialisierten den gesamten südlichen Mittelmeerraum und errichteten Stützpunkte an strategisch wichtigen Punkten. Nora, die Stadt im Südwesten der Bucht von Cagliari, war einer davon.

Als wichtigste phönizische Hinterlassenschaften in dieser Stadt gilt die „Stele von Nora", eine Platte aus Sandstein, in die Schriftzeichen eingraviert sind. Zusammen mit einem weiteren hier gefundenen Fragment stellt sie das älteste in alphabetischer Schrift verfasste Dokument im gesamten westlichen Mittelmeerraum dar, wobei es sich noch um eine reine Konsonantenschrift handelt. Die Stele kann heute im archäologischen Museum von Cagliari bewundert werden, und vielleicht gelingt es Ihnen ja, ihre Inschrift zu entziffern. Wissenschaftler streiten nämlich seit 200 Jahren über die Bedeutung der Worte. Kein Wunder, wenn Sie mich fragen, denn die Schriftzeichen wirken reichlich krakelig. Jedem Schüler hätte das eine saftige Rüge eingetragen. Einig ist man sich in Fachkreisen nur dahingehend, dass hier erstmals der Name „Sardinien" erwähnt wird, wenn auch in etwas gewöhnungsbedürftiger Schreibweise: „Shrdn".

Doch die Geschichte ging weiter, andere übernahmen die Herrschaft von den Phöniziern aus der Levante. Zunächst kamen die Punier aus Nordafrika und ab 238 v. Chr. endlich die Römer. Sie bauten Nora prächtig aus, ganz so, wie sie es mit all ihren Städten taten. So offerieren die Ruinen von Nora heute eine Mischung aus den Grundmauern phönizisch-punischer Wohnhäuser und Heiligtümer sowie den Überbleibseln aus römischer Zeit. Das sind zum Beispiel gepflasterte Straßen und Reste von Tempeln, Villen, Zisternen, Thermen oder aufwendigen Mosaiken. Einen Teil der Halbinsel hat das Meer zurückerobert und geflutet. Das Zentrum von Nora ist daher versunken, zusammen mit ein paar Wohnvierteln und den drei Häfen der Stadt.

Bemerkenswert ist aber das recht gut erhaltene römische Theater, in dem seit 1986 alljährlich im Sommer das Festival „Notte dei Poeti" – „Nächte der Dichter" stattfindet. Für die Dauer von 14 Tagen gibt es die verschiedensten Aufführungen von Musik, Theater, Poesie und Tanz unter dem Sternenhimmel, getragen von der Tontechnik der Römer, denen unter und hinter der Bühne versteckte große Tongefäße als Resonanzflächen dienten.

Im 6. Jahrhundert überfielen die Vandalen Sardinien, sie besetzten auch Nora und bereiteten dem gepflegten römischen Alltagsleben ein Ende. Das römische Reich ging unter, nun begann das Chaos des frühen Mittelalters. Piraten machten das Mittelmeer unsicher, und weil sie auch immer öfter über Nora hereinbrachen, gaben die Einwohner ihre Stadt schließlich auf und zogen sich nach altbewährter sardischer Manier von den Küsten zurück. Das einst so schöne Nora blieb dem Verfall überlassen.

Ende des 16. Jahrhunderts entstand ein Wachturm an der östlichen Spitze des Kaps, auch er diente dem Schutz vor Piraten. Er ist einer von 102 Sarazenentürmen, die rings um Sardinien an den Küsten erbaut wurden und als Frühwarnsystem gegen die Angriffe nordafrikanischer Freibeuter, der sogenannten Sarazenen, diente. Ab dem 9. Jahrhundert, vermehrt aber zwischen dem 14. und dem 16. Jahrhundert drangsalierten diese nämlich die Küstenbewohner der christlichen Mittelmeerländer. Die Türme standen in Sichtkontakt zueinander, mit Feuersignalen warnten die Wachhabenden vor drohenden Angriffen, sobald sie die Segel der Sarazenen am Horizont ausmachten.

Nachdem ich nun den Spuren der Römer gefolgt bin und meine diesbezügliche Neugier gestillt ist, stellt sich mir eine neue Frage und lässt mich nicht mehr los: Was hat es mit den Schlangen auf sich? Muss man sich wirklich vor ihnen fürchten?

Bei all meinen Wanderungen und Spaziergängen auf Sardinien habe ich keine einzige gesichtet, und auch am „Schlangenkap" änderte sich das nicht. Lediglich einige Schildkröten konnte ich im Gebüsch ausmachen, und natürlich jede Menge Eidechsen und Geckos. Es gibt zwar einige Schlangenarten auf Sardinien, ihnen allen ist jedoch gemeinsam, dass sie sich sofort zurückziehen, sobald sich nur die geringsten Vibrationen im Boden spüren lassen – zum Beispiel durch menschliche Schritte. Und außerdem gibt es auf Sardinien keine einzige giftige Schlangenart. Ich kann das Schlangenkap also getrost erkunden und mich ganz entspannt zur Rast dort niederlassen.

Nur auf die Skorpione sollte ich achten. Die hiesigen Vertreter des Euscorpius werden bis zu vier Zentimeter lang, ihre Stiche sind nicht gerade angenehm. Man kann sie mit Wespenstichen vergleichen, unschön, aber in der Regel harmlos. Solche Skorpione gibt es aber im gesamten Mittelmeerraum. Ich werde also erst hinsehen, bevor ich mich setze, und vorsichtshalber lasse ich bei meinen Spaziergängen durch die sardische Natur meine Schuhe an.

Seadas – süße Ravioli

Zutaten für 4 Personen:

300 g Mehl
2 Eier
40 g Butter (zimmerwarm)
200 g Pecorino-Frischkäse (ersatzweise Ricotta)
150 g flüssiger Honig
Olivenöl
Salz
Mehl für die Arbeitsfläche

Zubereitung:

Das Mehl mit 1 Tl Salz, den Eiern und der Butter in eine Schüssel geben und zu einem geschmeidigen Teig verkneten. Sollte der Teig zu fest sein, etwas Milch oder Wasser hinzugeben, ist er zu klebrig, etwas Mehl hinzufügen. Anschließend zu einer Kugel formen, fest in eine Frischhaltefolie einwickeln und 2 Stunden bei Zimmertemperatur ruhen lassen. Anschließend in zwei Teile teilen und jeweils auf der bemehlten Arbeitsfläche dünn ausrollen. In Quadrate von ca. 5 cm Seitenlänge schneiden, auf die Hälfte der Quadrate einen Klecks Pecorino geben, den Rand mit etwas Wasser anfeuchten und ein zweites Quadrat darauflegen. Die Ränder ringsum gut andrücken.

Einen ordentlichen Schuss Olivenöl in einer Pfanne erhitzen und die Seadas darin von beiden Seiten goldbraun ausbacken. Heiß auf Tellern anrichten und mit dem flüssigen Honig übergießen.

Erkundungen an der Ostküste – eine Fahrt in die wilden Berge

Auf meiner nächsten Reise nach Sardinien begleitete mich Ulli, mein Mann. Ich wollte ihm die Schönheit der Insel zeigen, die er bisher nur aus Erzählungen kannte. Deshalb hatten wir eine Rundreise zusammengestellt, die uns ausgehend von Olbia im Norden kreuz und quer durch Sardinien bis nach Cagliari im Süden führen sollte. Dabei summieren sich beachtliche Strecken, denn Sardinien ist eine recht große Insel. Und nicht nur das, es ist so abwechslungsreich, dass manche es als kleinen Kontinent bezeichnen. Zur Vielfalt der Insel gehören auch Berglandschaften, und dort sind die Straßen oft eng und kurvig. Eine Rundfahrt durch Sardinien umfasst daher nicht nur weite Wege, vielfach muss man auch damit rechnen, dass man nur in gemächlichem Tempo vorankommt.

Erwartungsvoll blickten wir aus dem Flugzeugfenster, als der Anflug auf Olbia begann. Imposant schob sich das vorgelagerte Capo Figari ins Blickfeld, an das sich die Küsten von Golfo Aranci anschließen. Golfo Aranci ist eine Hafenstadt, kein Golf, wie man meinen möchte, doch sie liegt tatsächlich an einem weit geschwungenen Meerbusen. „Arancia" heißt ins Deutsche übersetzt „Orange", man assoziiert also unwillkürlich einen „Golf der Orangen". Wie einladend das klingt! So von oben betrachtet bestach uns eine grüne Landschaft, die mit blendend weißen Stränden ans fast unwirklich türkis leuchtende Meer grenzte. Sardinien wie aus dem Bilderbuch. Ulli zeigte sich beeindruckt. Zufrieden lehnte ich mich zur Landung zurück in meinen Sitz. Sardinien ist eben prächtig, ich hatte nicht zu viel versprochen!

Die Ernüchterung kam, als wir unsere Erkundungstour in Olbia begannen. Es war noch früh am Tag, und wir hatten uns vorgestellt, die Reise mit einem „caffè" am Hafen stimmungsvoll anklingen zu lassen. Doch Olbia ist nicht das malerische Hafenstädtchen, als das man es sich vielleicht vorstellt. Zwar ist es uralt, es existiert seit mindestens zweieinhalbtausend Jahren. Das rasante Wachstum im vergangenen Jahrhundert, als Fähr- und Flughafen es zur wichtigsten Drehscheibe in Sardiniens Norden machten, verwandelte das provinzielle Städtchen jedoch in ein ausuferndes Gebilde aus meist niedrigen Zweckbauten, durchzogen von hektischen Straßen. Der Charme blieb dabei auf der Strecke, und so wandten wir uns alsbald unserer ersten Destination an der Costa Smeralda zu.

Zwischen den windgeschliffenen Felsen, die so typisch für diese Region sind, lag unser mondänes Hotel in reizvoller Aussichtslage. Einige Touren führten uns entlang der abwechslungsreichen Küste und in Hafenstädtchen wie Palau, Baja Sardinia oder Porto Cervo. Doch ich merkte an Ullis verhaltenen Reaktionen, dass der Funke der Begeisterung bei ihm nicht so richtig zünden wollte. „Ja", meinte er auf meine vorsichtige Frage, „die Küste ist schön, die Farben des Meeres sind fantastisch. Aber es ist auch ziemlich touristisch, findest du nicht? Und außerdem auch reichlich versnobt."

Schon besser gefiel ihm die Bucht von Pittulongu, über die unser nächstes Hotel eine weite Aussicht bot. Wandten wir uns hingegen um, so überblickten wir auf der anderen Seite den Hafen von Olbia mit den Bergen im Hintergrund, ein Panorama, dessen Schönheit von Hafenkränen und mit schrillen Comic-Figuren bemalten Fähren leicht getrübt wurde.

Über die Bucht von Pittulongu mit ihren reizvollen Stränden hingegen schaut man hinaus auf die Weite des Meeres, aus der sich der zackige Rücken der Isola Tavolara wie der eines urzeitlichen Untiers erhebt. Diese Insel besteht aus einer langgezogenen Kalkwand, die sich fast senkrecht bis zu 600 Meter in die Höhe auftürmt. Da bleibt kaum Platz, um auf dem sechs Kilometer langen Felsgebilde Fuß zu fassen. Deshalb leben auch nur eine Handvoll Menschen dort, die zudem nur einer einzigen Familie angehören. Und doch stellen sie und die Isola Tavolara ein geschichtliches Kuriosum dar. Denn der korsische Ahnherr dieser Familie erhielt die Insel im 19. Jahrhundert als Schenkung vom sardischen König, und prompt erklärte der Korse sich selbst zum König von Tavolara. Mehr als 100 Jahre, nämlich bis zum Ende ihrer Unabhängigkeit im Jahr 1962, behauptete die Insel Tavolara in der Folge ihren Status als kleinstes Königreich Europas. Ihre sämtlichen heutigen Bewohner sind Nachkommen der Königsfamilie, auch wenn sie ihr Auskommen als Ziegenhirten, Fischer und Touristenguides fristen müssen.

Das fand mein Mann zwar interessant, doch ich kenne ihn sehr gut. Aus seiner Mimik las ich, dass Sardinien sein Herz noch immer nicht so recht erobert hatte. Unser Weg führte uns schließlich weiter südwärts entlang der Ostküste. Das nächste Etappenziel hieß Cala Gonone, die kleine Ortschaft am Golf von Orosei. Wir pausierten unterwegs in den Dünen am langen Sandstrand von La Caletta, dessen wenige Besucher sich jetzt in der Nachsaison in Einsamkeit verloren. „Hübsch", sagte Ulli, doch so richtig überzeugt wirkte er noch immer nicht.

Wir fuhren weiter zum sieben Kilometer langen Strand von Orosei, der sich fast schneeweiß vor dem leuchtenden

Meer erstreckt. Er ist gerahmt von einem dichten Wald aus sattgrünen Pinien, hinter dem sich stille Lagunen verbergen. Doch selbst all das kommentierte Ulli genauso zurückhaltend.

Kurz bevor sich die Berge bei Cala Gonone machtvoll aus dem Meer erheben, den Ort umschließen und von den Küstenwegen abschneiden, bogen wir noch zum kleinen Strand von Cartoe ab. Der misst nur gute 200 Meter, eine Ortschaft oder gar Hotels gibt es hier nicht. Man erreicht die Bucht über ein holpriges Sträßchen, das auf dem letzten Stück zudem unbefestigt ist und unseren kleinen Mietwagen vor nicht unerhebliche Herausforderungen stellte. Nur wenige Menschen hatten sich an diesem wolkigen Tag hierher verirrt, und endlich bemerkte ich ein Leuchten in Ullis Augen. „Ja, genauso hatte ich mir Sardinien vorgestellt!“, freute er sich. Von Wind und Wogen rundgeschliffene Felsen türmen sich effektvoll am Rand des kleinen Uferstreifens, an den Hängen wuchert üppige Macchia, während in der Ferne die zerklüftete Steilküste von Cala Gonone den Horizont säumt. Ein erleichtertes Lächeln huschte über mein Gesicht, ich nahm Ulli bei der Hand und wir spazierten ein Stück die Küste entlang, bestaunten die saftigen Grüntöne der Vegetation und die immer neuen Panoramen, die sich dazwischen eröffnen.

Doch der Nachmittag begann sich allmählich zu neigen, und vor uns lag noch die Überwindung des Felsmassivs, das uns von Cala Gonone trennte. Die schmale Straße schlängelt sich daran empor, um nach einer engen Kluft zwischen schroffen Wänden jählings über den Bergkamm zum Meer hin abzubiegen. Der Anblick verschlug uns den Atem. In der ersten scharfen Kehre hielten wir über der fast senkrecht abfallenden Klippe. Dort, tief unten am Rand des Gebirges, liegt der kleine Ort gebettet in Grün wie eine stille Oase am Meer, schützend umschlungen und getrennt vom restlichen Land durch gewaltige Mauern aus himmelstürmendem Fels.

Als wir uns endlich sattgesehen hatten, fuhren wir bedachtsam weiter. Im spitzen Winkel winden sich die schmalen Kehren steil bergab, während gleich daneben der Abgrund klafft. Ein paar Ziegen kreuzten die Straße, gemächlich und uns keines Blickes würdigend. Wir warteten, bis sie sich wieder ins Geröll des Abhangs zurückzogen. Ihr stoisches Gehabe schien uns dabei spotten zu wollen: Seht her, uns schreckt der tiefe Abgrund nicht!

Cala Gonone, das alte Fischerdörfchen, ist heute zum reinen Urlaubsort mutiert. Doch hat es sich dabei eine unaufgeregte Gestrigkeit bewahrt. Zwischen den Klüften und Höhlen der langen Kalksteinküste liegen kleine Badebuchten, vor der Ortschaft selbst erstreckt sich ein weitläufiger Strand. An der Promenade reihen sich Restaurants und Bars aneinander, es gibt zahllose Freizeitangebote, und doch wirkt alles auf sympathische Weise ein bisschen wie aus der Zeit gefallen.

Wie fast überall auf Sardinien haben Hotels und Ferienwohnanlagen nur wenige Stockwerke und schmiegen sich scheinbar bescheiden in die Landschaft. Unser Hotel versprühte den diskreten Charme der Fünfzigerjahre, doch es erwies sich als familiär und gemütlich. Der Blick vom Balkon reichte über die ganze Bucht, Stunden saßen wir hier und nahmen nimmermüde die wechselnden Stimmungen zwischen satt orangem Morgenglühen, gleißender Mittagssonne, melancholischem Abendpastell und sternenfunkelnder Nacht in uns auf.

Doch natürlich mussten wir uns irgendwann losreißen und unsere Erkundungstouren um Cala Gonone beginnen. Eine weitere Passstraße zieht sich westlich des Ortes am Abhang hinauf, auf ihrem letzten Stück durchbricht ein Tunnel die

Felswand hin zum Landesinneren. Dahinter verbirgt sich im Tal der andere Ortsteil von Cala Gonone. Doch dafür hatten wir keine Augen.

Denn mit wuchtigen Wänden aus blendend hellem Kalkstein erhebt sich hier das mächtige Supramonte-Gebirge aus der fruchtbaren Ebene. Obwohl seine Gipfel meist nicht höher als 900 Meter sind und Monte Corrasi, der König seiner Berge, sich mit 1.463 Höhenmetern zufriedengibt, so tut dies der gewaltigen Wirkung doch keinerlei Abbruch. Dafür sorgen die extremen Gegensätze zwischen Wiesen und Weingärten in den kultivierten Tälern, der schier endlosen Wildnis der Wälder und den schroffen Kalkmassiven, die sich daraus so ungestüm empordrängen, als wollten sie den Rest der Landschaft zu bloßer Bedeutungslosigkeit degradieren.

Die Urgewalt dieser Landschaft machte uns ganz still. Wir folgten jetzt der Höhenstraße, die sich zwischen den Bergrücken nach Süden zieht, und hielten bei jeder sich bietenden Gelegenheit, um all diese spektakuläre Schönheit in uns aufzunehmen. An einem verlassenen Haus parkten wir gleich gegenüber von Gola di Gorropu, einer V-förmigen Schlucht mit bis zu 500 Meter hohen Seitenwänden. Sie wirkt, als habe ein Gigant sie fast senkrecht in die Steilwand der Berge gekerbt. Doch es ist nur der Riu Fiumineddu gewesen, ein recht bescheidenes Flüsslein, das doch gelegentlich eindrucksvolle Wassermassen mit sich führen muss. Ein Wanderweg führt dorthin, zunächst durch den kühlen Schatten endloser Wälder, dann durch Geröll und entlang an den gewaltigen Gesteinsbrocken dieser Schlucht, die eine der tiefsten von ganz Europa ist.

Wir aber folgten weiter der Straße, die kurvenreich zwischen den Höhen des Supramonte-Gebirges Richtung Südosten verläuft. Dabei durchfuhren wir lichte Wälder und karge

Höhenwiesen, stets umgeben von der wechselnden Szenerie großartiger Ausblicke. Ab und an erspähten wir Ziegen oder Schafe in der menschenleeren Wildnis, und dann, mit einem Mal, gleich neben der Straße: freilaufende Pferde! Sogleich übernahm das Kind in mir, und mein Herz schlug höher. Es waren tatsächlich wilde oder doch zumindest verwilderte Pferde, deren Lebensraum die unberührte Natur des hiesigen „Parco Nazionale del Golfo di Orosei e del Gennargentu“ ist. Meine Begeisterung schlug hohe Wellen.

Wir hatten angehalten, doch ich traute mich nicht auszusteigen, weil ich die bildhübschen Tiere nicht in die Flucht treiben wollte. Aus dem offenen Fenster fotografierte ich wie besessen, bis Ulli endlich zur Weiterfahrt mahnte. Er kennt die überschwängliche Euphorie, die mich mitunter erfasst, und weiß, wie er mich wieder erden kann. Vor uns lag nämlich noch ein gutes Stück Weg, bis wir bei Baunei die Höhen des Gebirges allmählich verlassen und schließlich kurz vor Arbatax zurück an die Küste gelangen würden. Durch die Barbagia sollte es von dort wieder zurück nach Cala Gonone gehen, da summiert sich eine ganz schöne Strecke.

Und außerdem mussten wir baldmöglichst irgendwo einkehren. Wie in Italien üblich, haben die meisten Restaurants zwar über die Mittagszeit geöffnet, schließen dann aber zu einer langen Pause, die häufig erst gegen acht Uhr am Abend endet. Wir hatten unser Frühstück auf der Terrasse über dem Meer schon morgens um sieben Uhr zu uns genommen, weil wir beizeiten aufbrechen wollten. Zumindest eine kleine Vesper zwischendurch wäre jetzt recht willkommen gewesen.

Am liebsten hätten wir dazu einen Agriturismo besucht, einen kleinen Gasthof auf einem Bauernhof, wo man typische und authentische Gerichte zu vernünftigen Preisen bekommt. Doch auf unserer Strecke wurden wir nicht fündig. Wir hielten deshalb an einem kleinen Restaurant in Baunei und ließen uns mit „sapori baunesi“ verwöhnen, „baunesischen Aromen“. Es gab rohen Schinken und Pecorino, eine deftige Wurst, getrocknete Tomaten, würziges Olivenöl und einfaches Brot, danach gefüllte Zucchini. Alles aus der Umgebung der kleinen Ortschaft, die wie ein Vogelnest am Berghang klebt.

Bevor es weiterging, genossen wir noch die überwältigende Aussicht von Baunei, die mir schon Isabella damals auf unserer gemeinsamen Tour gezeigt hatte. Schier endlos schweift hier der Blick über die Küste und die waldigen Bergketten im Landesinneren, die sich wie grüne Wogen im Blau der Ferne verlieren. Gedankenversunken ließ Ulli all das auf sich wirken.

„Nein“, resümierte er schließlich zufrieden, „so spektakulär und vielgestaltig hatte ich mir Sardinien nun wirklich nicht vorgestellt.“

Zucchine ripiene – gefüllte Zucchini

Zutaten für 4 Personen:

4 nicht zu große Zucchini
150 g Ziegenfrischkäse
100 g geriebener Pecorino
100 g Semmelbrösel
2 Knoblauchzehen
1 Bd. Blattpetersilie
Olivenöl
Salz und Pfeffer

Zubereitung:

Die Zucchini waschen, beide Enden abschneiden und die Zucchini längs halbieren. Mit einem Teelöffel (noch besser eignet sich ein scharfer Grapefruitlöffel) von innen aushöhlen, dabei ringsum einen ca. ½ Zentimeter dicken Rand stehen lassen.

Das Zucchinifleisch klein hacken, die Knoblauchzehen häuten und sehr fein hacken. In einer Pfanne einen guten Schuss Olivenöl erhitzen und zunächst den Knoblauch, dann auch das Zucchinifleisch darin rösten, bis es zu bräunen beginnt. Vom Herd nehmen und abkühlen lassen, danach in einer Schüssel mit dem Ziegenfrischkäse, den Semmelbröseln und 60 g Pecorino vermischen. Die Petersilienblättchen abzupfen, hacken und ebenfalls untermischen, die Masse salzen und pfeffern.

Nun die Zucchinihälften mit der Masse füllen und nebeneinander in eine leicht eingeölte Auflaufform bzw. auf ein Backblech setzen. Den restlichen Pecorino darüberstreuen. Im auf 180°C vorgeheizten Backofen ca. 30 Minuten backen, bis die Oberseite zu bräunen beginnt.

Mit Pane carasau (Rezept s. Seite 58) oder frischem Weißbrot servieren.

Wenn der raue Westwind weht – zähe Burschen auf der Halbinsel Sinis

Von Cala Gonone führte uns der Weg quer über die Insel in Richtung Osten. Wir befuhren die Schnellstraße, vorbei an Nuoro, das selbstgewiss über dem Tal aufragt, als sei der Stadt sehr bewusst, dass sie die Hauptstadt ihrer Provinz ist.

Hinter Ottana, einer kleinen Ortschaft in der Mitte der Insel, begann sich die Landschaft zu ändern. Wir verließen die bergige Barbagia hin zu der weiten, fruchtbaren Ebene im mittleren Westen Sardiniens, deren sanfte Hügel allmählich zur Küste hin auslaufen. Vorbei ging es am Lago Omodeo, mit 20 Kilometern Länge einer der größten Stauseen Italiens. Er existiert seit 1919. Der rund 100 Kilometer weiter nordöstlich bei der Ortschaft Bitti in der Barbagia entspringende Fluss Tirso wurde hier aufgestaut, um der chronischen Wasserknappheit Sardiniens beizukommen. Leider verschwanden dabei auch einige Nuraghen und Gigantengräber unter den Fluten.

An Nuraghen herrscht auf Sardinien dennoch kein Mangel, das verriet uns ein kurzes Wegstück weiter die bereits zuvor erwähnte Nuraghe Losa, die recht imposant aus der flachen Landschaft ragt, auch wenn ihr oberster Teil in sich zusammengefallen ist. Sie muss ein gewaltiges Bauwerk gewesen sein, das zeigen noch heute die Reste ihrer Nebentürme und Seitengebäude.

Als wir bei der Nuraghe von der Schnellstraße abbogen, um die Halbinsel Sinis im Norden des Golfs von Oristano zu erreichen, verwandelte sich die Umgebung nun langsam in Marschland. Dessen feuchtes Zentrum ist Stagno di Cabras, eine der für die Artenvielfalt bedeutendsten Lagunen Sardiniens. Hier wimmelt es vor Meeräschen, Karpfen und Aalen, und neben Flamingos finden zahlreiche seltene Vögel ein Habitat. Das Spektrum umfasst an die 150 Arten, darunter befinden sich Seidenreiher, Purpurhühner, Falken, Kolbenenten und Sultanshühnchen. Die Halbinsel Sinis birgt eines der größten sumpfigen Ökosysteme von ganz Europa.

Die Ruinen von Tharros beweisen, dass auch Menschen diesen Küstenstrich schon seit Vorzeiten zu schätzen wussten. Tharros liegt ganz im Süden der Halbinsel, wo diese sich zu einem schmalen Streifen verjüngt, der in die Bucht von Oristano hinausragt. Schon die Nuragher gründeten hier eine Siedlung, die Phönizier entwickelten den Ort zu einem Handelshafen weiter, bis schließlich römische Eroberer die Herrschaft ergriffen. Tharros‘ mittige Position an Sardiniens Westküste muss wohl von großer handelsstrategischer Bedeutung gewesen sein. Bei Ausgrabungen fand man eine Vielfalt von Zeugen seiner Geschichte, seien es Bronzefigurinen aus der Nuraghen-Zeit oder Importwaren aus späteren Epochen, wie Keramiken aus dem mykenischen Raum, etruskische Vasen oder ägyptische Skarabäen. Artefakte aus Korallen und Edelsteinen wurden in heimischen Manufakturen erstellt, denn schließlich wollte man sich mit eigenen Produkten an den Handelsgeschäften beteiligen. Die Reste von Thermen, römischem Pflaster, Handwerksbetrieben, Wohnhäusern und Tempeln, die man heute in Tharros besichtigen kann, erinnern an die römische Epoche. Und wieder habe ich Spuren der Römer auf Sardinien entdeckt!

Wenn sein Hafen auch bis zur vorletzten Jahrtausendwende in Betrieb blieb, so verlor Tharros doch während des frühen Mittelalters allmählich an Bedeutung. Schließlich wurde die Stadt aufgegeben, weil die ständigen Sarazenenangriffe das dortige Leben in jener Zeit zu gefährlich machten. Die Ruinen sind verlassen, doch der feste Boden zwischen den Sümpfen von Sinis wird noch immer landwirtschaftlich genutzt. Da gedeihen Getreide, Obst, Wein und Gemüse. Und dank des Reichtums der Gewässer spielt auch die Fischerei hier seit jeher eine Rolle.

Unser Hotel befindet sich in Putzu Idu, einer kleinen Siedlung am Meer im nördlichen Teil der Halbinsel. Der feinsandige Strand schmiegt sich weit gedehnt um eine Bucht, die im Norden durch das Kap Mannu begrenzt wird. Ein schmaler Damm trennt den Strand von den Lagunen der Saline Manna, und im Süden fällt der Blick auf die Klippen von Cala di Punta S'Incòdina. Das kleine Hotel liegt direkt an den niedrigen Dünen des Strands, der Balkon in der oberen Etage bietet ein Panorama über die wunderschöne Küstenlandschaft. Wenn da nur das Wetter nicht wäre, das uns einen Strich durch die vermeintlich so gelungene Rechnung macht. Ein kräftiger Westwind weht uns ins Gesicht, dazu treiben Wolken ein paar ungemütliche Regenschauer auf uns zu. Welch ein Ärger!

Völlig unbeeindruckt scheinen nur die vielen Kitesurfer zu sein, die sich auf den Wellen der Bucht herumtummeln. Und als der Wind langsam, aber sicher zum Sturm aufbraust, ziehen sich die Sportler keineswegs an den sicheren Strand zurück. Höher und höher türmen sich die Wogen, doch je bedrohlicher ihre Schaumkronen wüten, desto mehr Kitesurfer finden sich zum wilden Ritt zwischen ihnen zusammen. Und das, obwohl die Nähe zu den Felsen des Capo Mannu so aus der Ferne betrachtet ziemlich brenzlig wirkt.

Wir lassen uns vom Wetter die Laune nicht verderben und entschließen uns zu einem Ausflug aufs Capo Mannu. Denn ein Rundturm, der an dessen Spitze über dem Meer thront, hat unsere Neugier geweckt. Gleich daneben haben wir zudem einen Leuchtturm ausgemacht. Ein Sturmspaziergang über der Steilküste des Kaps erscheint uns daher sehr verlockend.

Auf einem nicht asphaltierten Pfad quält sich unser kleines Auto bis an den Rand des Kliffs. Hier haben schon einige Autos geparkt, und staunend beobachte ich die gewaltigen Fontänen, mit denen sich die inzwischen haushohen Wellen vor ihnen an den Klippen brechen. Wütend schießen sie steil empor, und zwar bis in solche Höhen, dass die Autos davor wie Spielzeug wirken. Ich nehme mir nicht viel Zeit, dem Spektakel durch die Windschutzscheibe zuzuschauen, es drängt mich nach draußen, denn was für fantastische Fotomotive tun sich hier auf!

Kaum versuche ich, die Autotür zu öffnen, erlebe ich die nächste Überraschung. Ich muss mich schon mit voller Wucht dagegenstemmen, sonst kann ich ihren Widerstand nicht brechen. Und als ich endlich draußen stehe und mühsam meine Kapuze festzurren will, da wirft es mich beinahe um. Der Sturm bläst mit solcher Wucht, dass ich mich kaum auf den Füßen halten kann, und ich bin nun wirklich nicht gerade ein Leichtgewicht. Mühsam kämpfen Ulli und ich uns voran, und meine Fotofreude erstickt im salzigen Meerwasser, dessen Spritzer selbst noch ein gutes Stück vom Klippenrand entfernt die Linse trüben.

Aber wir trotzen der atmosphärischen Gewalt und arbeiten uns das Kap empor bis zu dem Turm, der trutzig auf der Klippe verharrt. Gleichgültig lässt er das Wetter an sich abprallen. Mithilfe einer Hinweistafel gibt er sich als ausgedienter Wachturm aus dem 16. Jahrhundert zu erkennen. Sein Feuer warnte also einst die Menschen an der Küste vor drohenden

Piratenüberfällen. Heute warnt der neue, eckige Kollege ein Stück höher am Kap die Schiffe draußen auf dem Meer vor der nahen Küste. Er wirkt allerdings reichlich vernachlässigt. Zumindest in puncto Schönheit kann er dem steinernen Ruheständler nichts vormachen.

So aus der Höhe betrachtet bietet das aufgepeitschte Meer einen spektakulären Anblick. Unbändig treiben die Wogen vom Horizont heran, eine aufgewühlte Wasserlandschaft aus massigen Bergkämmen und abgrundtiefen Tälern. Hartnäckig toben die Brecher gegen die Küste und schlagen hoch darüber zusammen, als wollten sie ihr den Garaus machen. Und in dieser sturmtosenden Raserei sind die Kite-Surfer noch immer unterwegs. Als fröhliche Farbtupfer wirbeln ihre Lenkdrachen zwischen tief treibenden Wolken und schäumender See. Obschon in rasanter Bewegung, widerstehen sie den Gewalten offenbar so unermüdlich wie der alte Turm. Beeindruckt sehen wir ihnen eine Weile lang zu. Mir erscheint dieses ganze Unterfangen nach wie vor halsbrecherisch. Warum setzen sich die Leute solch einem Risiko aus?

Später, ordentlich durchgepustet vom kraftvollen Sturm, wärmen wir uns im Ristorante am Strand von Putzu Idu auf. Während wir noch die Speisekarte studieren, fällt mir eine Gruppe von Männern am Nebentisch auf. Nicht alle von ihnen sind ganz jung, doch gemeinsam ist ihnen die drahtige Erscheinung und das kraftstrotzende Gebaren. Sie sind Sportler, daran besteht kein Zweifel. Weil mich die Beobachtungen vom Nachmittag neugierig gemacht haben, nutze ich die Gelegenheit und spreche sie an. Ob sie wohl Kiter sind? Als die Runde bestätigend nickt, frage ich weiter: „Ist das bei diesem Wetter denn nicht zu gefährlich?"

„Ach was", antwortet ein bärtiger Typ, der sich später als Marco aus Stuttgart vorstellt. „Wir sind alte Hasen, und wir wissen, was wir tun!“ Natürlich, räumt er ein, so ganz ungefährlich sei die Sache nicht. Also nichts für Anfänger. Die sollten solche Bedingungen tunlichst meiden, aber für sie gebe es schließlich die Surfschule am Deich von Putzu Idu, da würde ihnen schon das nötige Wissen vermittelt. „Doch erfahrene Kiter wie wir“, sein Blick schweift stolz durch die Runde, „die wissen schon, was sie tun!“

Mir war am Nachmittag aufgefallen, dass sich die meisten Kiter in einem bestimmten Bereich südlich des Kaps tummelten. „Richtig“, bestätigt Marco. „Das Kap lenkt die Wellen dorthin, deshalb türmen sie sich besonders hoch auf. Doch sie brechen noch nicht, und es besteht keine Gefahr, dass der Seegang uns gegen die Klippen drängt. Der Wind kommt aus Nordwesten und treibt die Wogen deshalb geradewegs weiter bis zum Strand, der von dort ja noch gute zwei Kilometer entfernt ist.“ Dieser Umstand, so fährt er fort, sorge dafür, dass man einen besonders intensiven Wellenritt erlebe, das Risiko hingegen überschaubar bleibe. „Aber kräftige Arme muss man haben!“, ruft ein anderer lauthals dazwischen, und die Runde lacht. Ja, bestätigt Marco, ohne die nötigen Muskeln sowie eine zähe Ausdauer schaffe man das natürlich nicht, und ein paar der Männer winkeln demonstrativ ihre Unterarme an und lassen grinsend den Bizeps spielen.

Sardinien sei ein Eldorado für Kite- und Windsurfer, lässt Marco mich wissen. Im Wesentlichen prägen der stürmischkalte Mistral aus Nordwest und der feuchtwarme Scirocco aus Südosten Sardiniens Luftzirkulation. Die westwärts ausgerichtete Fensterfront des Restaurants klappert im Sturm, nicht schwer zu erraten, welcher Wind jetzt gerade die Oberhoheit an sich gerissen hat.

Wahre Profis folgten diesen Winden rund um die Insel, fährt Marco fort. „Wir sind hier jeden Herbst vier Wochen unterwegs und finden uns jeweils dort ein, wo gerade die besten Bedingungen herrschen." Und damit sind auch die bunten Campingbusse erklärt, die uns vor dem Restaurant aufgefallen waren. „Wir haben immer alles dabei, was wir brauchen. Meist kann man mit dem Wohnmobil gleich bis an den Strand fahren und jetzt, in der Nachsaison, sogar einfach dort stehenbleiben. Was will man mehr?" Allseits bestätigendes Murmeln macht unter den Sportsmännern die Runde.

Um ganz Sardinien verteilt finden sich Möglichkeiten für die verschiedensten Ansprüche, vom Anfängerstrand bis zum Hotspot für Könner. Optimale Voraussetzungen bieten sich von März bis Juni und dann wieder zwischen September und November. Während des Sommers hingegen stabilisieren sich die Hochdrucklagen und der Wind nimmt ab. Der Winter wiederum ist regnerisch und empfindlich kühl. Die Wassertemperaturen sinken auf 14 Grad, während die Sommersonne sie auf wohlige 26 Grad ansteigen lässt. „Deshalb ist jetzt, Ende September, die angenehmste Reisezeit für Kiter", resümiert Marco.

Doch das gilt nicht nur für Kiter. Auch ich liebe den Frühherbst auf Sardinien. Das winterkühle Mittelmeer braucht im Frühling nämlich eine ganze Weile, bis es sich langsam aufheizt. Das wirkt sich auch auf die Lufttemperaturen aus. Der Sommer hingegen ist mir einfach zu heiß. Doch jetzt sind die Bedingungen optimal. Die Luft ist noch warm, und das aufgeheizte Meer sorgt dafür, dass es auch nachts behaglich bleibt.

Die Restauranttür fliegt auf, und eine athletische Frau kommt auf uns zu. Marco strahlt. „Da bist du ja endlich!" Erklärend wendet er sich wieder an mich. „Das ist Isa, meine Frau."

Inzwischen wird unser Essen serviert. Ich drehe mich zu Ulli und stupse ihn schmunzelnd an. Da hatte ich beim Gespräch mit Marco doch glatt gedacht, Kite-Surfen sei eine reine Männerdomäne!

Merca – gekochte Meeräsche

Zutaten für 4 Personen:

1 kg Meeräschen (geschuppt und ausgenommen)
400 g grobes Meersalz

Zutaten:

Die Fische gründlich waschen, in knapp 10 cm breite Stücke zerschneiden, auf den Boden eines breiten Topfs legen und so weit mit Wasser bedecken, dass über den Fischstücken ca. eine Handbreit Wasser steht. Die Fischstücke wieder herausnehmen, das Wasser zum Kochen bringen, das Salz hinzugeben und rühren, bis es aufgelöst ist. Nun die Fischstücke zurück in den Topf geben und bei milder Hitze 20 Minuten köcheln lassen. Anschließend den Topf vom Herd nehmen und die Fischstücke weitere 10 Minuten darin ruhen lassen. Herausnehmen, gut abtropfen lassen und mit Küchenkrepp trocken tupfen. In eine Schüssel geben, abdecken und abkühlen lassen.

Man verzehrt die Merca bei Zimmertemperatur mit Brot (am besten natürlich Pane carasau (Rezept s. Seite 58) und ohne weitere Zugabe von Gewürzen oder Öl.

Diese simple Zubereitungsart ist in Cabras gebräuchlich, einer Fischergemeinde auf der Halbinsel Sinis. Die Lagune Stagno di Cabras ist nämlich besonders reich an Meeräschen. Auch die Bottarga aus dem Rogen dieser Fische, die hier hergestellt wird, genießt unter Feinschmeckern hohen Respekt.

Zur Zubereitung von Merca benötigt man eigentlich noch ein spezielles Sumpfgras, das am Rand der Lagune wächst.

Es handelt sich um die Portulak-Keilmelde, die bei uns leider so gut wie nicht zu beziehen ist. Sie gibt der Merca ein leicht nussig-säuerliches Aroma, auf das man aber auch verzichten kann. Ersatzweise kann man, falls vorhanden, frischen Portulak verwenden, indem man ein Bund zum Kochwasser gibt.

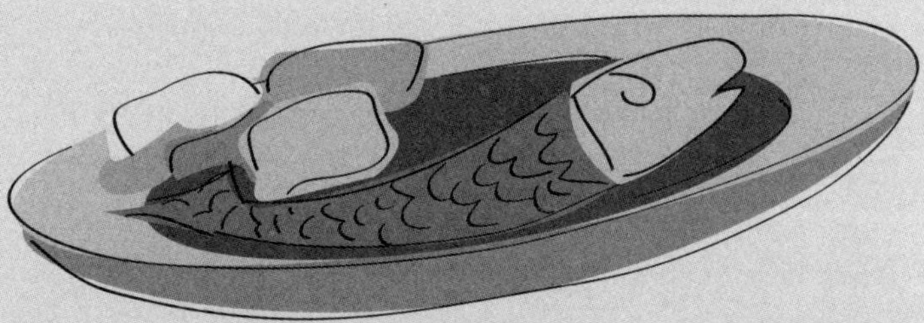

Der Narr von der Windrepublik – die Insel Mal di Ventre

Später saßen wir alle noch bei einem Digestivo zusammen und plauderten. Luca, ein junger Italiener, den die Kiter offenbar von früheren Aufenthalten kannten, hatte sich zu uns gesellt. „Bist du auch Kiter?", fragte ihn Ulli, und er nickte bestätigend. „Wenn der Wind so weht wie heute, dann nutze ich das aus", ließ er uns wissen. „Aber meine eigentliche Passion ist das Tauchen."

Es stellte sich heraus, dass Luca eine Tauchstation in Putzu Idu betrieb. „Kommen sich Taucher und Kiter da nicht in die Quere?", fragte ich und meinte das eher scherzhaft. Doch Luca setzte eine bedeutungsvolle Miene auf und ignorierte meine Frage, als er zu einer näheren Erläuterung ansetzte. „Ich habe mich darauf spezialisiert, Taucher mit dem Boot hinaus zur Insel Mal di Ventre zu fahren. Dort ist das Wasser karibisch blau und klar, die Korallenriffe und Felsen bieten eine einzigartige Artenvielfalt, und außerdem kann man unter Wasser spannende Wracks besuchen."

Das klang interessant, und so bat ich ihn, mehr zu erzählen. Die kleine Insel, die man am westlichen Horizont draußen im Meer erahnen konnte, war uns schon aufgefallen. Seit Ewigkeiten dem Mistral und der Kraft des Wassers ausgesetzt, ist sie ganz flach. Verwittert und zerklüftet ragt ihr Granitsockel an seiner höchsten Stelle nur 18 Meter aus dem Wasser. Mit einer Länge von gut anderthalb Kilometern und einer Breite von nur 400 Metern ist ihre Größe zudem kaum erwähnenswert. Doch Luca klärte uns darüber auf, dass es sich trotzdem um eine ganz besondere Insel handelt.

Zunächst einmal, so begann er, müsse man die Sache mit dem Namen der Insel verstehen. „Mal di Ventre", das bedeute im Italienischen „Bauchschmerzen", und das klinge ja nicht sonderlich einladend. „Aber vielleicht ist es gut so", sinnierte er mit großer Ernsthaftigkeit, „der negative Beiklang hat vielleicht manch einen davon abgehalten, die Insel aufzusuchen." Tatsächlich, so erfuhren wir, hieß die Insel früher „Malu 'Entu", was sardisch ist und „schlechte Winde" heißt. An einem Tag wie heute kann man sich nur allzu gut vorstellen, wie es zu diesem Namen gekommen ist. Außerdem wechseln die Windbedingungen oft ganz unvermittelt, was die See rings um Mal di Ventre ziemlich gefährlich macht.

Die italienische Bezeichnung entstand erst viel später, und dazu müsse er ein wenig ausholen, meinte Luca. Mit dem Vertrag von Utrecht wurde zum Ende des Spanischen Erbfolgekriegs der Landbesitz des spanischen Kolonialreichs im Jahr 1713 weitgehend verteilt. Dazu gehörte auch Sardinien, das an die österreichischen Habsburger ging. Das Haus Savoyen, das über die Territorien Savoyen und Piemont herrschte, erhielt Sizilien. Doch die Sizilianer verhielten sich renitent, deshalb überredete Viktor Amadeus von Savoyen Karl VI. von Habsburg, die beiden Inseln zu tauschen. So wurde Viktor Amadeus 1720 zum König von Sardinien, damit entstand das Königreich Sardinien-Piemont. Wenn er auch weiterhin vom piemontesischen Turin aus regierte, so ließ er doch das neue Reich durch seine Kartographen erfassen, und die übersetzten die alten sardischen Ortsnamen kurzerhand in das, was sie sich als angemessene italienische Bezeichnung vorstellten. Die Piemonteser verstanden das Sardische aber nicht wirklich, und so kam es zu der fehlerhaften Übersetzung und zu dem fragwürdigen Namen, welcher der kleinen Insel fortan anhaftete.

„Dieser Name und die Tatsache, dass die Insel so klein und unscheinbar sieben Kilometer weit draußen vor der Küste liegt, haben dazu beigetragen, dass die Ursprünglichkeit der Natur von Mal di Ventre bewahrt blieb“, schloss Luca seinen Exkurs in die sardische Geschichte. „Die Gewässer um Mal di Ventre sind heute Meeresschutzgebiet, und deshalb gibt es dort eine einzigartige Unterwasserwelt.“ Doch auch das Festland der Insel sei nicht zu verachten, fuhr er fort. An der Westseite, wo der Mistral auf das Inselchen trifft, liegen raue Klippen, die vielen seltenen Meeresvögeln als Brutstätten dienen. Hier finden sich unter anderem Eleonorenfalken, Sturmtaucher und Krähenscharben ein.

Die geschütztere Ostseite hingegen hat märchenhaft schöne Buchten. Die heftigen Winde sorgen dafür, dass die feinen Sandkörner der Strände ganz rund geschliffen werden, deshalb ist der Sand in manchen Buchten weich und so fließend, als sei er eine pudrige Tinktur.

Am Strand von Is Arutas in der Mitte der Halbinsel Sinis gebe es übrigens einen nicht minder faszinierenden Quarzsand, schweifte Luca ab. Der bestehe aus reisgroßen, windpolierten Körnern, die transparent oder weißlich erschienen, manche davon wiesen auch bunte Färbungen auf. Vor der intensiven Farbe des Meeres gäben sie ein fast unwirkliches Bild ab, schwärmte Luca, und er schien davon überzeugt, dass dieser Strand der schönste von ganz Sinis sei. Dieser Quarzsand sei im Übrigen ein Geschenk des Granitsockels der Insel Mal di Ventre, mistralgepeitschte Wellen hätten dessen Verwitterungsreste an die Küste der Halbinsel getragen.

„Mal di Ventre ist paradiesisch, deshalb ankern dort im Sommer natürlich täglich Boote“, kehrte Luca zu seinem eigentlichen Thema zurück. „Doch ansonsten gehört das kleine Eiland der Natur. Im Winter außerdem den Schafen, die dort hergebracht werden und die die ausgedehnten Rosmarinfelder der Insel beweiden. Und es gibt Unmengen von wildem Knoblauch, der schmeckt besonders intensiv. Wenn ich dort bin, nehme ich mir immer ein paar Knollen davon mit.“

Luca wusste aber auch zu berichten, dass es nicht immer so einsiedlerisch auf Mal di Ventre zugegangen ist. Ganz im Gegenteil ist die Insel vorzeiten sogar bewohnt gewesen. Davon zeugen die Reste einer Doppelnuraghe und ein paar Ruinen aus punischer und römischer Zeit, unter anderem die einer Villa, in der vermutlich ein verbannter Bürger Roms sein Dasein fristen musste. „Und die Römer haben uns noch einen ganz besonderen Schatz hinterlassen: ein Wrack!“

Rings um Sardinien finden sich zahlreiche Schiffswracks aus den verschiedensten Epochen. Einige davon kann man unter Wasser besuchen, und viele Taucher kommen allein deshalb nach Sardinien. Vor Mal di Ventre liegen mehrere Wracks aus jüngerer Zeit, manche davon kann man sogar schnorchelnd erkunden. Es gibt zum Beispiel ein Dampfschiff aus dem 19. Jahrhundert oder ein 1973 gesunkenes Handelsschiff. Doch noch interessanter ist das römische Schiff aus dem ersten vorchristlichen Jahrhundert, das in etwa 30 Metern Tiefe vor der südöstlichen Küste von Mal di Ventre liegt.

Dieses Schiff kam aus dem südspanischen Cartagena. Wohin seine Reise geführt haben mag, ließ sich hingegen bisher nicht feststellen. Die Riffe vor Mal di Ventre, vielleicht auch ein brausender Mistral, wurden ihm zum Verhängnis. In den Neunzigerjahren des letzten Jahrhunderts haben

Archäologen aus Cagliari und Oristano das Wrack untersucht und teilweise ausgegraben. Die Gegenstände, die dabei an die Oberfläche befördert wurden, kann man heute neben zahlreichen vorgeschichtlichen Artefakten und Fundstücken aus Tharros im Museo Civico Giovanni Marongiu in Cabras bestaunen.

Das römische Schiff hatte in erster Linie Bleibarren geladen. Sie sind von außergewöhnlicher Reinheit, ihre Analyse führte die Forscher auf die Spur des spanischen Bergbaugebiets bei Cartagena. Die Fracht bestand aus wohl tausend Bleiblöcken, jeder davon wog 33 Kilogramm. Es ist der größte derartige Fund überhaupt. Doch auch Anker, Mühlsteine, Amphoren, Dolche und Lampen brachte die Untersuchung des Wracks zutage.

„Ich finde es spannend, versunkene Schiffe zu besuchen." Luca berichtete mit Begeisterung, und wir spürten, dass er nun ganz in seinem Element war. „Man begegnet einer anderen Zeit, und weil es auch noch unter Wasser ist, fühlt man sich dabei wie in einer anderen Dimension. Das ist manchmal ein bisschen unheimlich, wie ein Geistertanz. Zumal ich mir immer die schrecklichen Geschichten vorstelle, die sich beim Untergang der Schiffe zugetragen haben mögen."

Deutlich entspannter fühle er sich, wenn er das Unterwasserleben betrachte. Vor Mal di Ventre wimmle es von Hummern, Langusten und Fischschwärmen, meinte er. Es gebe eine Vielzahl von Wolfs- und Zackenbarschen, Brassen und Barrakudas. Aber Luca hat auch schon riesige Tintenfische gesehen, Mondfische und Adlerrochen, Muränen und ab und zu sogar einen Delphin.

Nachdem er all das erzählt hatte, lehnte Luca sich zufrieden zurück und bestellte einen zweiten Grappa. Wir anderen schwiegen noch beeindruckt, als sein Gesicht einen unergründlichen Ausdruck annahm. Er atmete tief aus und senkte die Stimme zu einem Raunen. „Es lauert noch eine andere Geschichte auf Mal di Ventre. Und die ist weit abgründiger als das Meer." Gespannt klebten wir an seinen Lippen, während er genüsslich in das leckere Rosinengebäck biss, das die Bedienung zum Grappa servierte.

1972, so klärte er uns endlich auf, erwarb ein britischer Unternehmer mit dem Allerweltsnamen John Miller die Insel. „Von ihm weiß ich eigentlich gar nichts, außer, dass er Mal di Ventre im Sommer 2014 wieder losschlagen wollte. Angeblich verlangte er 100 Millionen Pfund dafür."

Vielleicht hatte John Miller sich ursprünglich erträumt, die Insel als exklusives Ferienresort nutzen zu können. Es gibt dort nämlich sogar eine Süßwasserquelle. Doch ein anderer kam und machte den schönen Traum des Briten zunichte.

Die Geschichte, die Luca nun erzählte, klingt wie eine Räuberpistole. Sie handelt von nichts Geringerem als der Republik Malu 'Entu. Protagonisten der Geschichte sind zum einen die Partidu Indipendentista Sardu, eine inzwischen von der Bildfläche verschwundene linksextreme Splitterpartei, zum anderen deren Wortführer, ein LKW-Fahrer namens Salvatore Meloni. Meloni kämpfte zeitlebens geradezu verbissen für die Unabhängigkeit Sardiniens vom italienischen Staat.

Sein Aktivismus gipfelte darin, dass er im Herbst 2008 auf der Insel Mal di Ventre an Land ging und diese zu einem unabhängigen Staat erklärte. Er behauptete, bereits seit 1974 auf der Insel zu wohnen, sie damit in Besitz genommen und inzwischen de jure als sein persönliches Eigentum ersessen zu haben. Tatsächlich erlaubt das italienische Recht diese „usucapione" genannte Möglichkeit für Immobilien nach einer unangefochtenen und nichtvertraglichen Nutzungsdauer von mindestens 20 Jahren.

Meloni und seine Parteigenossen hatten die Insel wohl wirklich schon seit rund 20 Jahren als Ort ihrer geheimen Beratungen genutzt. Nun begann Meloni, Bürger für seinen neuen Staat zu rekrutieren. Innerhalb von nur einer Woche meldeten sich 350 Personen, die seiner Partei angehörten oder mit ihr liebäugelten, und gaben an, Bürger der Republik Malu 'Entu zu sein. Meloni stellte ein blaues Kunststoffzelt als Präsidentenpalast auf die Insel und bildete eine Regierung. Zudem schrieb er an die UNO sowie an das Europäische Parlament und forderte die völkerrechtliche Anerkennung seines Staates. Angeblich würdigte ihn die EU sogar einer Antwort und teilte ihm mit, es sei allein die Aufgabe Italiens, solch einen neuen Staat zu legitimieren.

Natürlich wandte Meloni sich mit seiner Forderung auch an Silvio Berlusconi, den damaligen italienischen Ministerpräsidenten. Doch statt einer Antwort schickte Berlusconi ein Räumungskommando der Forst- und Umweltpolizei. Die Separatisten mussten die Insel verlassen. Meloni gab jedoch keineswegs auf, er kehrte schon bald darauf wieder zurück, reichte eine Zivilklage auf Anerkennung seines Rechts auf Usukapion ein und ließ Banknoten einer fiktiven Inselwährung mit seinem Konterfei bedrucken.

Dann schließlich musste sich Meloni vor Gericht verantworten, und zwar wegen Steuerhinterziehung, unrechtmäßiger Übernahme der Insel Mal di Ventre und illegaler Entsorgung von Müll auf der Insel. Das zog eine Haftstrafe von 20 Monaten nach sich. Im Frühjahr 2017 wurde er auf Mal di Ventre verhaftet und ins Gefängnis von Uta bei Cagliari gebracht. Meloni bestritt seine Schuld vehement und bezeichnete sich als politischen Gefangenen. Aus Protest trat er in den Hungerstreik, fastete für die Dauer von 66 Tagen und starb infolgedessen im Juli des gleichen Jahres.

„Ein trauriges Ende, aber Meloni ist auch ein schlimmer Starrkopf gewesen“, schloss Luca seine Erzählung. „Die meisten Sarden haben ihn nie ernst genommen. In Anlehnung an den Namen der Insel verspotteten sie ihn als ‚Narren von der Windrepublik‘.“

„Und wem gehört die Insel heute?“, fragte Ulli. „Immer noch John Miller“, antwortete Luca. „Und wer ist das?“, wollte ich wissen. Luca zog die Brauen zusammen, verdrehte kurz die Augen, zuckte mit den Schultern und winkte dann der Bedienung. „Lasst uns doch lieber noch einen Grappa trinken.“

Papassini – sardische Rosinenplätzchen

Zutaten:

500 g Mehl
450 g Puderzucker
200 g Butter (zimmerwarm)
200 g gehackte Mandeln
100 g gehackte Walnüsse
200 g Rosinen
80 ml Milch
2 Eier
1 Eiweiß
die dünn abgeriebene Schale einer unbehandelten Orange
1 Tl gemahlener Zimt
2 Tl Backpulver
Salz
Mehl für die Arbeitsplatte

Zubereitung:

Die Rosinen 30 Minuten in lauwarmem Wasser einweichen, dann gut ausdrücken. Butter, Mehl, 200 g Puderzucker, Backpulver und Milch in eine Schüssel geben und solange kneten, bis ein bröseliger Teig entstanden ist. Nun Eier, Zimt und Orangenschale hinzugeben und alles zu einem glatten Teig verarbeiten. Zum Schluss die Rosinen, Walnüsse und Mandeln gut daruntermischen, den Teig zu einer Kugel formen, fest in Frischhaltefolie einwickeln und für 1 Stunde in den Kühlschrank legen.

Nach Ablauf der Zeit den Teig mit dem Nudelholz auf der mit Mehl bestäubten Arbeitsplatte ca. 1 cm dick ausrollen und mit einem Teigrädchen oder einem Messer zu rautenförmigen Plätzchen schneiden. Auf ein mit Backpapier ausgelegtes Backblech legen und im auf 180°C vorgeheizten Backofen 10–15 Minuten backen, bis die Plätzchen goldgelb sind. Herausnehmen und ganz abkühlen lassen.

Das Eiweiß mit einer Prise Salz steif schlagen. In einem Topf den restlichen Puderzucker mit 1 Glas Wasser vermischen und langsam aufkochen, bis ein dicker Zuckersirup entstanden ist. Vom Herd nehmen und das Eiweiß mit dem Schneebesen darunterschlagen, um eine weiße und glänzende Glasur zu erhalten. Mithilfe eines Messers auf den Papassini verstreichen. Wer mag, kann noch ein paar bunte Zuckerstreusel darüberstreuen.

Papassini sind ein typisches sardisches Festtagsgebäck, es gibt sie meist in der Weihnachts- oder Osterzeit, aber natürlich schmecken sie auch zu allen anderen Gelegenheiten. Die Rezepte variieren von Region zu Region, unseres stammt von der Westküste Sardiniens. Anderenorts werden beispielsweise Zitronenschalen, Anis, Fenchel, Vanille oder der sardische Most Sapa hinzugegeben, anstelle von Butter wird vielfach Schweineschmalz verwendet.

Neptungras und Muschelseide – die Schätze von Sant'Antioco

Fasziniert betrachte ich den Stoff. Er glänzt wie gesponnenes Gold und wirkt so filigran wie feinste Seide, zart und weich wie Nebelhauch. Es ist ein Tuch, wie geschaffen für das Gewand einer Meerjungfrau, so märchenhaft, dass es fast unwirklich scheint. Und doch ist es robust, keinesfalls reißt es, wenn man beherzter zugreift. Wüsste ich es nicht besser, so würde ich meinen, vielleicht eine hochwertige Kunstfaser vor mir zu haben. Auch wenn es ernüchternd wäre, sich die Meerjungfrau in profanem Nylon vorzustellen.

Doch dieses Gespinst ist keinem Chemielabor entsprungen. Vielmehr ist es etwas ganz Besonderes, vielleicht das kostbarste und seltsamste Gewebe, dass die Menschheit je ersonnen hat. Denn es handelt sich um Muschelseide.

Davon haben Sie noch nie gehört? So ging es mir auch. Dabei ist Muschelseide schon seit dem Altertum bekannt. Herrscher und hochgestellte Priester schmückten sich seit jeher mit Kleidungsstücken aus dem exquisiten Material, und so hielten sie es das gesamte Mittelalter hindurch. Mehrfach wird das Gewirk unter der Bezeichnung „Byssus" im Alten Testament erwähnt, seine Spuren lassen sich durch die Literatur verfolgen bis hin zu Jule Vernes Roman „Zwanzigtausend Meilen unter dem Meer".

Wenngleich man daraus schließen mag, dass Muschelseide eine relativ weite Verbreitung genoss, so gibt es doch europaweit nur noch wenige historische Stücke, die erhalten geblieben sind. Eines davon – oder besser zwei – sind die Damenhandschuhe, die in der Zoologischen Sammlung der Universität Rostock aufbewahrt werden. Sie stammen aus der Blütezeit der Muschelseideproduktion im 18. Jahrhundert, als unter Adeligen ein wahrer Hype um das edle Material ausbrach. Besagte Handschuhe lagern in der Zoologischen Sammlung, weil sie, so unglaublich es klingen mag, tatsächlich mithilfe von Muscheln hergestellt wurden.

Einige Muschelarten pflegen sich bekanntlich an festen Gebilden im Küstenbereich festzusetzen, seien diese Felsen, Geröll, Wurzelstücke von Wasserpflanzen oder was auch immer einen gewissen Halt in der Brandung bieten mag. Um die nötige Haftwirkung zu erzielen, sondern diese Muscheln ein eiweißhaltiges Drüsensekret ab, das kollagenartige Fasern bildet. Diese Fasern zeichnen sich durch eine völlig glatte Oberfläche und einen hauchdünnen Durchmesser aus, sie gehören neben Seide zu den allerfeinsten Naturfasern tierischer Herkunft. Und doch sind sie stabil und reißen nicht leicht, denn bei Kontakt mit dem Wasser gerinnt das Sekret und wird ausgesprochen fest. Die Fasern bilden ein Knäuel, das der Muschel wie eine Art Wurzelstock dient. Allerdings wirkt es nicht sonderlich ansehnlich, es erinnert an einen bräunlichen, ungepflegten Bart. Und dennoch ist es der Rohstoff der Muschelseideherstellung.

Es gibt zahlreiche Muschelarten, die solche Fasern produzieren. Die Muschelseide, die ich vor mir habe, stammt von der Edlen Steckmuschel, Pinna nobilis. Ihrem Namen macht sie alle Ehre, denn sie gräbt sich in maximal 15 Metern Tiefe mit ihrem vorderen Drittel in den Meeresboden ein. Dort steckt sie fest, denn sie verankert sich mit ihren bis zu 25 Zentimeter langen Haftfasern. Nur ihr voluminöses Hinterteil ragt ins Wasser, bestehend aus einer Schale, die recht auffällig mit Rippen und Schuppen oder Stacheln verziert ist.

Die Edle Steckmuschel ernährt sich von Plankton, das sie aus dem Wasser filtert. Sie ist eine Riesin, ihr Gehäuse kann mehr als einen Meter lang werden, wobei sie sich jedoch meist mit 60 bis 90 Zentimetern Länge begnügt. Aber das ist ja auch schon recht viel für eine Muschel. Sie kannten die Edle Steckmuschel bisher nicht? Das mag daran liegen, dass sie, wenn auch im gesamten Mittelmeerraum verbreitet, doch äußerst selten geworden ist.

Als sie 1992 von der EU unter strengen Artenschutz gestellt wurde, hat man sie zwar schon längst nicht mehr wegen ihrer Seidenfäden aus dem Meer gefischt. Doch ihr Fleisch galt als nahrhafte Kost. So eine Muschel enthält rund ein Kilogramm davon, man hat es wie Steak gebraten oder über Feuer gegrillt. Noch begehrter war das rötliche Perlmutt der Muschelschalen. Es wurde zu Knöpfen und Mosaiken verarbeitet, so gibt es zum Beispiel in Alghero eine historische Bartheke, die ganz mit solchem Steckmuschelmosaik überzogen ist. Als Bonus fand man mitunter auch noch Perlen im Inneren der Muscheln. Doch der vielfältige Nutzen, den sie brachte, wurde der Edlen Steckmuschel schließlich beinahe zum Verhängnis.

Ihre zunehmende Seltenheit hatte sich da schon längst auf die Produktion von Muschelseide ausgewirkt. Mit den Rohseidefasern eines einzelnen Exemplars kommt man nämlich nicht weit. Der Fasernpuschel enthält eine Menge Fremdkörper wie Algen, kleinere Muscheln und Steinchen, Sand und natürlich Salz. Um all das zu entfernen, wird er einem aufwendigen Reinigungsprozess unterzogen, zunächst im Meerwasser, anschließend in Süßwasser, um das Salz zu lösen. Das allein beansprucht mehr als drei Wochen, wobei das Wasser konsequent alle paar Stunden erneuert werden muss.

Man kann außerdem nicht alle Haftfasern einer Muschel verwenden, sondern nur den zartesten Teil, der etwa fünf Zentimeter misst. Das hat zur Folge, dass sich von jeder Muschel am Ende nur ein bis zwei Gramm des Materials gewinnen lassen. Man braucht 100 Gramm Rohseide, um zehn Gramm fertigen Seidenfaden hervorzubringen. So kommt es, dass für ein Kilo Muschelseide die Fasern von bis zu 4.000 Muscheln benötigt werden.

Nach der Reinigung und der anschließenden Trocknung werden die verbliebenen Fasern gekämmt, wobei die verwendeten Kämme immer feinzinkiger werden. Danach muss die Muschelseide mit einer speziellen Spindel zu hauchzarten Fäden gesponnen und zum Schluss in Zitronensaft getaucht werden, wodurch der wunderbare Goldglanz zum Vorschein kommt.

Weiß man all das, so kann man sich vorstellen, wie unendlich kostbar dieses Material ist. Und weil die Kunst seiner Herstellung so komplex ist, beherrschten sie stets nur sehr wenige Spezialisten. Die letzten dieser Experten gab es auf Sardinien, da die Insel seit Jahrtausenden eine Hochburg der Muschelseideproduktion gewesen ist. Mutmaßlich hatten schon die Phönizier diese Kunst dorthin mitgebracht. Und damit eröffnete sich ein lukratives Geschäft, denn in Sardiniens Gewässern gab es besonders viele Steckmuscheln.

Die Wesen leben nämlich am liebsten in den Wiesen aus Neptungras, die typisch für diese Mittelmeerregion sind. Betrachtet man das Meer um Sardinien von einer höheren Position aus, so heben sich die Flecken der dunkelgrünen Felder deutlich vom kristallklaren Türkis des Wassers ab. Seegraswiesen sind von ganz besonderer ökologischer Bedeutung, denn sie filtern Schadstoffe aus dem Wasser und sorgen auf diese Art dafür, dass das Meer um Sardinien herum so unglaublich klar ist. Zudem festigen sie mit ihrem Wurzelwerk den Uferbereich und bewahren die Strände vor übermäßiger Erosion. Und außerdem dienen sie auch noch dem Klimaschutz, denn eine Seegraswiese speichert die doppelte Menge Kohlendioxid wie eine gleich große Fläche tropischen Regenwalds.

Sie sind ein Wunder des Lebens: Das Neptungras des Mittelmeers vermehrt sich fast ausschließlich durch Klone. Forscher haben mithilfe von Erbgutanalysen herausgefunden, dass manche Exemplare seit 80.000 Jahren genetisch unverändert sind. Das macht das Neptungras zum ältesten bekannten Lebewesen unserer Welt. Es verdient Schutz und hohen Respekt, und wer um seine Besonderheit weiß, der wird keinen Anstoß mehr an den Teppichen aus abgestorbenem Seegras nehmen, die sich auf manchen Stränden Sardiniens sammeln und besonders an der Westküste mitunter zu dicken Polstern auftürmen. Sorgt der Wind für kräftigen Seegang, so können sich die zerfaserten Reste von Neptungräsern sogar zu filzigen Bällen zusammenrollen, die manchmal am Ufer zu finden sind. Diese Bälle sind äußerst stabil, weshalb sie von den Sarden als Dämmmaterial beim Bau geschätzt werden.

Seegraswiesen bieten aber auch einen wertvollen Lebensraum, den zahlreiche Arten nutzen. Dazu gehört die Edle Steckmuschel, die sich mit ihren Haftfasern im Wurzelwerk des Neptungrases festklammert. Sie findet hier ein optimales Refugium, genau in der richtigen Tiefe und mit der für sie so wichtigen Reinheit des Wassers.

Aber auch um Sardinien herum wurden Steckmuscheln mit der Zeit immer seltener. Nicht nur ihr Fang, sondern auch die zunehmende Verschmutzung, vor allem aber die Schleppnetzfischerei und ankernde Boote machten sowohl den Muscheln als auch ihrem Lebensraum, den Neptungraswiesen, zunehmend zu schaffen. Die Herstellung von Meeresseide kam deshalb bereits in den Vierzigerjahren des letzten Jahrhunderts zum Erliegen.

Doch eine einzige letzte Bastion hält sich noch in der Stadt Sant'Antioco auf der gleichnamigen Insel, die im Südwesten vor Sardiniens Küste liegt und von besonders üppigen Neptungraswiesen umgeben ist. Wenige Frauen halten hier die ungewöhnliche Kunst der Herstellung von Muschelseide lebendig, im Italienischen „bisso" genannt. Sie haben die spezifischen Techniken von ihren Müttern und Großmüttern gelernt, und diese wiederum haben ein Wissen bewahrt, das ein Meisterweber bis zum Beginn des Zweiten Weltkriegs in der Bisso-Schule von Sant'Antioco vermittelte.

Allerdings stellt sich die Frage, woher die Frauen ihr Rohmaterial beziehen, wo doch die Steckmuschel so streng geschützt ist? Zwei von ihnen arbeiteten zunächst mit einem mehr als hundert Jahre alten Vorrat an Rohmaterial. Eine weitere Expertin kam schließlich einer Muschelart auf die Spur, die im Pazifik und im Indischen Ozean gefischt und verwertet wird. Für deren Fasern interessierte sich bis dato niemand. Sie werden jetzt zur Weiterverarbeitung nach Sant'Antioco geschickt, wenngleich sie nicht ganz an die optimalen Eigenschaften der Steckmuschelfasern heranreichen können.

Die bekannteste der Bisso-Meisterinnen von Sant'Antioco ist Chiara Vigo. Bis 2016 führte sie sogar ein Muschelseide-Museum, und noch heute empfängt sie Besucher, sofern diese sich zuvor bei ihr angemeldet haben. Sie erwartet ihre Gäste in der kleinen Werkstatt neben der Basilika, wo schon ihre Großmutter dem ungewöhnlichen Handwerk nachging. Vigo sammelt ihr Rohmaterial, indem sie zu Steckmuscheln hinabtaucht und Fasern erntet, ohne die Tiere zu verletzen. Auf diese Weise gewinnt sie 30 Gramm Bisso im Jahr. Weil das nicht gerade viel ist, verwendet sie ihr Garn meist nur für Stickereien. Kaufen kann man es nicht. Es wäre wohl auch kaum bezahlbar.

So müssen wir uns mit dem Betrachten der Werkstücke begnügen. Fasziniert von unserer ungewöhnlichen Begegnung mit dem Stoff der Meerjungfrauen fahren wir weiter über die kleine Insel bis ins winzige Dorf Maladroxia, das unsere nächste Station sein soll. Es befindet sich ein paar Kilometer südlich der Stadt Sant'Antioco an der Küste. Ein spätsommerlicher Zauber liegt über diesem Ort, beschaulicher Gleichmut über den kleinen Häuschen und dem einzigen Hotel. Ein Bilderbuchstrand liegt ihm zu Füßen, gerahmt von Palmen. All das wirkt wie aus einer Zeit, bevor der Massentourismus mit seiner Hektik die schönsten Reiseziele zu fluten begann. Ein nostalgisches Flair umgibt die Strandbar, wo wir bei einem Drink entspannen und das Ambiente auf uns wirken lassen. Später, als der Vollmond über Sardiniens Silhouette im Osten aufgeht, haucht zartes Pastell einen sanften Schleier über das Meer, bis endlich schlaftrunken die Nacht mit ihrem Sternenglanz heraufzieht. Fast erwarte ich eine Meerjungfrau, die gehüllt in Muschelseide den Wellen entsteigt.

Tags drauf erkunden wir die Insel Sant'Antioco. Die Wege sind hier nicht sonderlich weit, denn die Insel misst nicht einmal zwanzig Kilometer in der Länge, nur gute acht in der Breite. Schmale Sträßchen winden sich durch die raue Macchia, und immer wieder zwingen uns kreuzende Schafe zu einem kurzen Halt. Hin und wieder stoßen wir auf die Spuren der menschlichen Geschichte. Auf einem felsigen Hügel am Meer liegt das Gigantengrab Su Niu de su Corbu. Die mehr oder weniger gut erhaltenen Reste von dreißig Nuraghen erzählen von deren Epoche, zwei uralte Menhire von einer noch unbekannteren Zeit.

Die Betriebsamkeit der Menschen konzentriert sich heute weitestgehend in der Stadt Sant'Antioco, die auf Sardiniens älteste phönizische Siedlung zurückgeht. In ihrem Untergrund verbirgt sie ein Labyrinth von Tunnelgängen, es sind Katakomben aus punischer Zeit. Manchen modernen Häusern dienen sie als Keller, und unterhalb der Basilika kann man einen Teil dieser Gänge besuchen. Eine punische Opferstätte, Brücke und Mausoleum aus römischer Zeit oder die im 11. Jahrhundert erbaute Basilika spiegeln die lange Geschichte des Ortes wider. Im späteren Mittelalter verwaiste die Stadt infolge der häufigen Überfälle durch Sarazenen, erst zur Blütezeit der Muschelseideproduktion im 18. Jahrhundert erwachte sie wieder aus dem Dornröschenschlaf.

In Westen der Insel Sant'Antioco liegen scharfe Klippen, über das unglaubliche Blau schweift der Blick bis nach Carloforte auf der Nachbarinsel San Pietro. Zwischen den Felswänden verbergen sich einsame Buchten. Jetzt im Frühherbst hat Seegras sich zu dicken Polstern an ihren Stränden aufgetürmt. Wir betrachten es respektvoll und ärgern uns nicht, wenn es den strahlend weißen Sand teilweise bedeckt. Denn wir wissen ja nun, wie wertvoll und einzigartig das Neptungras ist. Außerdem schützen auch diese Polster die Strände vor Erosion.

Schon seit der Römerzeit verbindet ein künstlicher Isthmus Sant'Antioco mit dem sardischen Festland, seit 1981 wird dieser Damm durch eine Brücke ergänzt. Salzlagunen säumen den Rand der Landenge, und bei der Abfahrt halten wir noch einmal an, um die hier lebenden Flamingos aus der Nähe zu betrachten.

Gedankenverloren schweift mein Blick zurück nach Sant'Antioco. Welch eine verwunschene Insel, die solch erstaunliche Mysterien birgt!

Riso cozze e vongole – Reis mit Mies- und Venusmuscheln

Zutaten für 4 Personen:

350 g Risottoreis
600 g Miesmuscheln
600 g Venusmuscheln
200 ml Weißwein
1 Zwiebel
2 Knoblauchzehen
½ Bd. Blattpetersilie
1 El Tomatenmark
Olivenöl
Salz und Pfeffer

Zubereitung:

Die Venusmuscheln 2 Stunden in gesalzenes Wasser legen, danach zusammen mit den Miesmuscheln gründlich unter fließendem Wasser spülen. Muscheln, die bereits geöffnet sind, entfernen. Die anderen in einen Topf mit 500 ml siedendem Wasser geben und 3-4 Minuten kochen, bis sie sich öffnen. Durch ein Sieb abgießen, das Kochwasser aufbewahren. Muscheln, die sich nicht geöffnet haben, wegwerfen. Bei zwei Dritteln der übrigen die Schalen entfernen, die anderen in der geöffneten Schale belassen.

Knoblauch und Zwiebeln häuten und fein hacken. Die Petersilienblättchen abzupfen und ebenfalls hacken. In einer breiten und hohen Pfanne einen Schuss Olivenöl erhitzen, Zwiebeln und Knoblauch darin glasig anbraten. Den Reis hinzurieseln lassen und ebenfalls kurz anbraten, mit dem Weißwein und dem Kochwasser der Muscheln ablöschen. Salzen, pfeffern und bei niedriger Hitze ca. 20 Minuten köcheln lassen. Nun das Tomatenmark unterrühren und das Muschelfleisch sowie die Muscheln in Schalen hinzugeben.

2 Minuten köcheln lassen. Bei Bedarf etwas Wasser zufügen, denn der Reis soll nicht alle Flüssigkeit aufnehmen. Er ist fertig, wenn er noch etwas Biss hat, aber gut kaubar ist.

Zum Schluss die Petersilie unterrühren und das Gericht servieren.

Reis wird in der sardischen Küche traditionell eher selten verwendet, obwohl er inzwischen sogar mancherorts auf der Insel angebaut wird. Reisgerichte mit Muscheln oder gemischten Meeresfrüchten erfreuen sich aber mittlerweile an den Küsten großer Beliebtheit, unser Rezept stammt von der Insel Sant'Antioco.

Superlativ aus Licht und Farben – die Costa del Sud

Unser nächstes Ziel ist der südöstliche Zipfel von Sardinien. Um dort hinzugelangen, könnten wir von Sant'Antioco aus die über Iglesias und Cagliari führende Schnellstraße durchs Landesinnere wählen, dann kämen wir nach nur zwei Stunden an. Doch die junge Frau an der Rezeption unseres Hotels winkt ab. Das wäre viel zu schade, und wir hätten doch Zeit. Deshalb empfiehlt sie uns, zunächst der Staatsstraße nach Süden zu folgen und dann zwischen den Dörfern Sa Portedda und Teulada auf die kleine Straße abzubiegen, die dem Küstenverlauf um Sardiniens südlichsten Zipfel entlang der Costa del Sud folgt. Das sei eine der fantastischsten Aussichtsstrecken der ganzen Insel, verspricht sie uns.

Wir nehmen sie beim Wort. Doch weil es auf dem Weg liegt, biegen wir bereits bei Porto Pino von der Hauptstraße ab. Dort soll es nämlich einen besonders reizvollen Strand geben. Auch diesen Ort erreicht man über einen Damm, rechts und links davon erstrecken sich Lagunen. Und da sind sie schon wieder, die graziösen Flamingos!

Porto Pino erweist sich als typischer Badeort. Hinter hohen Hecken liegen im Schatten der Pinien Villen und Ferienhäuser, dazu gibt es Restaurants, Eisdielen, Läden und einen kleinen Hafen an dem Kanal, der den Ort von seinem Strand trennt.

Um letzteren zu erreichen, lässt man das Auto stehen und legt das letzte Stück durch den Dünenwald zu Fuß zurück. Dann der Wow-Effekt: Blendend weiß schmiegt sich der vier Kilometer lange Strand südwärts entlang der Bucht. In seinem nördlichen Bereich bei Porto Pino ist er noch recht schmal, im Süden wird er breiter und dazu unberührter, weil deutlich weniger Sonnenhungrige den Weg dorthin auf sich nehmen. Dieser Strandabschnitt ist außerdem nicht immer frei zugänglich.

Und dabei ist dieser Strand wirklich überwältigend. Wie grandios das Aquamarin des Meeres leuchtet, traue ich mich beinahe nicht mehr zu erwähnen. Der Wind hat den Sand zu Dünen aufgehäuft und ein Muster aus kleinen Wellen hineingezaubert. Über vereinzelte Büschel von Dünengräsern schweift der Blick zum Capo Teulada, dem südlichsten Punkt Sardiniens. Dieses Kap scheint völlig unberührt von menschlichen Eingriffen in seine naturgegebene Pracht, nichts als wilde Macchia zieht sich entlang seiner Hänge.

Das allerdings hat seinen Grund. Im November 1940 spielte sich vor diesem Kap eine Seeschlacht zwischen britischen und italienischen Marineverbänden ab, an der sich insgesamt 54 Kriegsschiffe beteiligen. Die Auseinandersetzung endete mit einem Patt, beide Gegner zogen sich nach kurzem, heftigem Schlagaustausch wieder zurück. Doch vielleicht ist es diesem Gefecht geschuldet, dass das Augenmerk des italienischen Militärs auf das Capo Teulada fiel. Denn 1956 richtete die italienische Armee hier einen Truppenübungsplatz ein. Mit einer Fläche von 80 Quadratkilometern gehört er zu den größten von ganz Italien. Und wenn auch lokale Interessengemeinschaften seit vielen Jahren die Schließung dieser Basis fordern, um die Landschaft des Kaps und seine Küste der zivilen Nutzung wieder zugänglich zu machen, so lässt sich das

Militär davon doch nicht beirren. Das Capo Teulada ist noch immer Sperrgebiet, jedes unbefugte Betreten ist strengstens verboten. Spätestens als wir schließlich auf der Staatsstraße weiterfahren, ist diese Tatsache nicht mehr zu übersehen, denn entlang etlicher Kilometer begleitet ein hoher Zaun mit Warnschildern unseren Weg.

Natürlich ist es schade, dass diese bezaubernde Landschaft der militärischen Nutzung unterliegt. Andererseits ist es wahrscheinlich der strikten Abschottung zu verdanken, dass ihre Ursprünglichkeit weitgehend erhalten geblieben ist. Das Militär hatte aber letztendlich doch ein Einsehen und lässt nun seine Manöver zumindest während der Sommermonate ruhen. Dann ist es gestattet, die Buchten und Strände des Sperrgebiets mit dem Boot anzufahren. Sowohl in Porto Pino als auch in Porto Teulada, einem kleinen Hafen an der Ostseite des Kaps, werden Ausflugsturns dorthin angeboten, und wer die Erkundung auf eigene Faust unternehmen will, der mietet sich ein Schlauchboot mit 40-PS-Motor. Das darf man nämlich in Italien auch ohne Bootsführerschein fahren. Und es lohnt sich, denn die einsamen Strände am Capo Teulada mit ihrem naturbelassenen Hinterland sind wahrhaftig kleine Juwelen. Wie auf einer karibischen Insel fühlt man sich zum Beispiel in der Bucht von Porto Zafferano. Oder am Strand von Porto Scudo, der sich am Ende einer fjordähnlichen Einkerbung zwischen den Klippen des Kaps versteckt. Doch Vorsicht: Besser ist es, sich vor der Abfahrt noch einmal zu vergewissern, dass wirklich keine militärischen Übungen stattfinden.

Wer nicht übers Wasser fahren möchte, hat eine andere Möglichkeit, zumindest den wundervollen Strandbereich im Süden der sichelförmigen Bucht von Porto Pino zu erreichen. Etwa anderthalb Kilometer östlich des Dorfs Sant'Anna Arresi wird während der Badesaison zwischen Mitte Juni und Mitte

September ein Tor ins Sperrgebiet geöffnet. Hier hindurch führt ein Weg zu einem Parkplatz, von wo aus es nicht mehr weit bis zum Strandabschnitt Is Arenas Biancas ist. Der gehört zum militärischen Sperrgebiet, nur jetzt im Sommer steht er auch Zivilisten offen. Damit seine Einzigartigkeit dennoch gewahrt bleibt, dürfen allerdings nicht mehr als 200 Autos gleichzeitig auf dem gebührenpflichtigen Strandparkplatz stehen. Man muss also möglichst früh kommen oder aber bei der Gemeinde Teulada vorab einen Stellplatz reservieren.

Und dieser Teil des Strands mit seiner bis zu 300 Meter breiten Dünenlandschaft ist wirklich grandios. Der Sand ist pudrig fein und kreideweiß, das Meer von so grellem Lichtblau, dass man beinahe an eine Sinnestäuschung glauben möchte. Kenner zählen diesen Strandabschnitt zu den schönsten von ganz Sardinien. Doch sind uns auf unserer Rundreise mittlerweile so viele prächtige Strände begegnet, dass mir diese Wertung fast inflationär einsetzbar erscheint. Wir können uns vielleicht darauf einigen, dass Sardinien wirklich die Insel der Traumstrände ist, und welcher davon der schönste sein mag, das liegt ja auch immer im Auge des Betrachters.

Von jenem Tor ins Sperrgebiet aus beträgt die Strecke auf der Staatsstraße nur noch neun Kilometer, bis rechts die Strada provinciale 71 abzweigt, die Panoramastraße, von der uns die Rezeptionistin vorgeschwärmt hatte. Zwischen blühenden Oleanderbüschen geht es hinab zur Küste, wo ein Flüsslein ins Meer mündet. Beim ersten Halt schweift unser Blick über am Ufer liegende Sportboote hinweg zum Torre del Budello auf der anderen Seite der Bucht. Dieser Turm entstand während der Periode spanischer Herrschaft. Ein Unternehmer aus Cagliari ließ ihn 1601 errichten, um die Einfahrt zum Bereich der Flussmündung kontrollieren zu können. Der diente ihm nämlich als sein privates Angelgebiet.

Nun schraubt sich die Straße mit etlichen Windungen an der Steilküste empor, und glücklicherweise gibt es eine Vielzahl von Haltebuchten. Wir nutzen fast alle, denn jede davon scheint noch eine Steigerung gegenüber der vorhergehenden zu bieten. Die Hotelangestellte hat uns nicht zu viel versprochen, die Ausblicke sind wirklich phänomenal. Wie schade, dass wir ein festes Autodach über unseren Köpfen haben, denn diese Strecke ist wie geschaffen für eine Cabriotour! Die wilde Küste mit ihren zahllosen Buchten und Klippenabstürzen, mit dem Capo Teulada im Westen und dem Capo Malfatano im Osten gibt der blauen Sinfonie von Himmel und Meer einen spektakulären Rahmen. Mittendrin die kleine Isola Rossa, die „rote Insel", deren Granitfelsen unter dem Häubchen ihrer Vegetation tatsächlich rötlich schimmern. Doch am meisten betören uns die erstaunlichen Farbspiele des Wassers. Kann solch ein intensiv strahlendes Türkis denn tatsächlich Wirklichkeit sein? Es ist dem blütenweißen Sand dieses Küstenabschnitts zu verdanken, dass die Farbe des Meeres hier so unfassbar neongrell strahlend erscheint.

Je höher wir uns an den Klippen hinaufschlängeln, desto mehr fallen uns die dunklen Flecken in diesem Meeresleuchten auf. Es sind die Wiesen des Neptungrases, wie wir nun wissen. Auch die einsamen Strände, auf die wir hinabschauen, verraten die Existenz dieser Seegraswiesen, denn große Teile ihres weißen Sandes sind mit Polstern aus angetriebenen Gräser bedeckt. Das hat eine sardische Familie nicht davon abgehalten, Sonnenschirm, Tisch und Stühle an einem dieser Strände aufzubauen, dort sitzen sie nun bei ihrem privaten Picknick und haben eine ganze Bucht für sich allein.

Östlich des Capo Malfatano schließt sich ein besonders eingebuchteter Küstenabschnitt an. Der am tiefsten ins Land eingekerbte Meeresarm beherbergt den Stagno di Malfatano, ein geschütztes Feuchtgebiet, das sich durch seine biologische Vielfalt auszeichnet. Aufs Capo Malfatano selbst führt ein Wanderweg hinaus bis zu dem kleinen Rundturm an seiner Spitze. Er entstand im 16. Jahrhundert als Sarazenenturm, der über den Hafen von Malfatano wachen sollte. Dieser Hafen wird auf Karten aus jener Zeit noch mit unterschiedlichen Namen bezeichnet. Einer der ältesten lautet Porto Amalfetan, was einen Hinweis darauf gibt, dass sich hier einst Kolonisten aus der Stadt Amalfi niedergelassen hatten.

Von ihrer damaligen Siedlung ist nichts mehr übrig, geschweige denn von einem Hafen, der eines Wachturms bedurft hätte. Vermutlich traf die Siedler aus Amalfi das gleiche Schicksal wie die Bewohner so vieler sardischer Küsten, sie zogen sich angesichts der nicht enden wollenden Sarazenenüberfälle ins sichere Landesinnere zurück. Porto Malfatano ist heute nur noch eine Ankerbucht, die allerdings in der Saison recht lebhaft von Sportbooten frequentiert wird.

Das ist kein Wunder, denn gleich im Osten schließt sich der Strand von Tuerredda an. Auf ihn trifft alles zu, was ich über Farben und Schönheit schon so oft gesagt habe. Und wenngleich es hier keine größere Feriensiedlung gibt, so hat man ihn im Gegensatz zu den anderen entlang dieser Strecke touristisch erschlossen, mit Sonnenschirmen und Liegen, Bootsverleih, Bars und Restaurant. Ihm vorgelagert ist die kleine Isola Tuerredda, zu der man problemlos hinüberschwimmen kann. Durch glasklares, smaragdfarbenes Wasser, versteht sich.

Wir halten ein Stück oberhalb des Strandes neben der Straße und lassen uns von der surrealen Aussicht bezaubern. Ein Bild wie aus einem Urlaubskatalog, dessen Designer sich kräftig bei Photoshop bedient hat. Nur dass hier, in der Realität dieser Bucht, niemand einen farbverstärkenden Filter benutzt hat.

Auf der Weiterfahrt in Richtung Chia endet die kurvenreiche Aussichtsstrecke, nun geht es geradewegs zu den Feldern der Kulturlandschaft, die den Ort umgibt. Wollen wir noch ein letztes Panorama über die prachtvolle Südküste genießen, so müssen wir von der Straße abbiegen. Ein paar Wege führen hinaus zum Capo Spartivento, das sich für eine aussichtsreiche Küstenwanderung anbietet. Und wer es sich leisten kann, übernachtet im alten Leuchtturm, der aufwendig in ein 5-Sterne-Luxushotel umgebaut wurde und der einzige Leuchtturm Italiens mit einer derartigen Unterkunftsmöglichkeit ist.

So attraktiv dieses Hotel auch sein mag, so müssen wir doch unser Budget im Auge behalten. Deshalb setzen wir unsere Fahrt Richtung Osten fort und erreichen schon bald darauf die Strände bei Chia. In der Lagune Stagno di Chia, der größten der vier Lagunen dieses Küstenabschnitts, kann ich schon wieder Flamingos bewundern, und die Straße säumen jetzt Eukalyptusbäume mit zerfaserter Rinde. Diese Bäume stammen von der anderen Seite der Erdkugel, vom Osten Indonesiens und von Australien, wo sie sagenhafte 70 Prozent des gesamten Baumbestands ausmachen. Ihre Wurzeln dringen extrem tief in den Boden, wodurch sie auch Zeiten anhaltender Dürre gut überstehen. Sie trocknen allerdings durch ihren hohen Wasserbedarf den Untergrund aus, was anderen Pflanzenarten das Überleben erschwert. Dessen ungeachtet hat man Eukalypten in großer Zahl im Mittelmeerraum angepflanzt, weil sie schnell wachsen und brauchbares Holz liefern. Von wirtschaftlichem Interesse ist auch ihr hoher Anteil an ätherischen Ölen, wodurch andererseits jedoch die Waldbrandgefahr steigt, weil sie leicht entflammbar sind. Die Wurzelstöcke und Samen der Eukalypten überstehen Brände sehr gut, und das verschafft ihnen einen weiteren Vorteil gegenüber der restlichen Vegetation. Man beobachtet ihre zunehmende Ausbreitung im Mittelmeerraum deshalb mit einiger Skepsis.

Die Dünen, hinter denen sich der weitläufige Strand von Chia verbirgt, beherrscht jedoch ein anderes Grün: Es ist ein Dickicht aus aromatisch duftenden Wacholderbüschen. Hat man den Strand schließlich erreicht und blickt Richtung Osten, so erspäht man einen weiteren Sarazenenturm aus dem 16. Jahrhundert. Die Beschreibung des Strandes selbst und die damit verbundenen Wiederholungen erspare ich Ihnen. Nach allem, was Sie bisher über die Costa del Sud gelesen haben, können Sie sich das mit Sicherheit selbst sehr gut vorstellen.

Fave e lardo – Saubohnen mit Speck

Zutaten für 4 Personen:

400 g getrocknete Saubohnen
200 g durchwachsener Speck (gewürfelt)
400 g Wirsing
3 Möhren
2 Stangen Staudensellerie
100 g Fenchel
50 g getrocknete Tomaten
2 Zwiebeln
2 Knoblauchzehen
Olivenöl
Salz und Pfeffer

Zubereitung:

Die Saubohnen mindestens 12 Stunden in ungesalzenem Wasser einweichen, dann abgießen. Zwiebeln und Knoblauch häuten und klein schneiden, Möhren schälen, Staudensellerie und Fenchel putzen und alles in Scheibchen schneiden, den Wirsing waschen, putzen und in Streifen schneiden.

In einem Topf etwas Olivenöl erhitzen und die Speckwürfel mit den Zwiebeln darin rösten bis beides glasig wird. Mit 1 l heißem Wasser ablöschen, die Saubohnen hinzugeben, aufkochen und dann bei mittlerer Hitze 10 Minuten köcheln lassen. Nun Tomaten, Staudensellerie, Fenchel, Wirsing und Knoblauch hinzugeben und weitere 20 Minuten köcheln lassen. Erst zum Schluss mit Salz und Pfeffer würzen, auf Tellern anrichten und jeweils mit etwas Olivenöl beträufeln.

Mit Pane carasau (Rezept s. Seite 58) oder krossem Weißbrot servieren.

Von Hirschen, Wäldern und Buchten – Villasimius und die Sette Fratelli

Sardinien ist so vielfältig, dass man sich mitunter die Augen reibt. Wie an der Blumenriviera fühlen wir uns, als wir den von Gewerbegebieten geprägten Großraum Cagliari hinter uns gelassen haben, bei Quartu Sant'Elena Richtung Berge abgebogen sind und diese nun allmählich erreichen. Die Vegetation wird dichter, Palmen, Pinien und Zypressen säumen den Straßenrand, Feigenkakteen voller roter Früchte, blühende Sträucher, dahinter liebliche Landschaft von mannigfaltigem Grün. Doch je höher wir kommen, desto stärker verändert sich die Umgebung auch schon wieder. Die Berge werden steilwandiger, urtümlicher, die Vegetation vereint sich zu einem ungebändigten Dschungel. Die Straße beginnt, sich in immer engeren Kurven durch diese Wildnis zu winden. Dann, hinter einer Kurve, eine kleine Kapelle auf einer Anhöhe und eine Abzweigung mit dem Schild: „Parco 7 Fradis". Außerdem eine simple, handbeschriftete Holztafel, die auf einen Agriturismo hinweist. Vielleicht der richtige Ort für eine kleine Pause!

Wir folgen dem Weg nur ein kurzes Stück, dann erreichen wir ein Gebäude. Es scheint sich um die Forstverwaltung zu handeln, außerdem gibt es hier ein „museo del cervo sardo". Museum des Sardischen Hirsches? Wir halten an, um uns das etwas genauer anzusehen.

Auf dem Parkplatz verstaut ein in gedeckten Grüntönen gekleideter Mann gerade ein paar Jutesäcke in einem Geländewagen. Das Fahrzeug sieht betagt und ziemlich mitgenommen aus, offensichtlich hat es viele Touren durch unwegsames Terrain auf dem Buckel. Der Mann, so schließe ich messerscharf, muss wohl der Förster sein, und der kennt sich aus! Forsch gehe ich zu ihm hinüber, spreche ich ihn an und will wissen, was es mit dem Sardischen Hirsch auf sich hat. Er zieht die Brauen zusammen und mustert mich unwillig. Wenn ich präzise Informationen haben wolle, so brummt er, könne ich ja das Museum besuchen. Nach einem kurzen Blick auf seine Armbanduhr fügt er hinzu, dass ich mich aber sputen müsse. Das Museum schließe um 17 Uhr, also gleich.

Er will schon die Ladeklappe zuschlagen, als ihn mein ratloser Gesichtsausdruck zögern lässt. Typisch Touristin, scheint er zu denken, ahnungslos, unbedarft, aber neugierig. Und doch hat er ein Nachsehen mit mir, denn er lässt sich mit einem Seufzer auf der Kante der Ladefläche nieder und wirft einen mitfühlenden Blick auf Ulli, der inzwischen dazugekommen ist. Ja, diese Frauen, möchte er wohl sagen, doch stattdessen rafft er sich zu einem Schmunzeln auf und fragt: „Sie haben wohl keine Vorstellung davon, wo Sie hier sind?“

Als ich verlegen den Kopf schüttle, hebt er zu einer Erläuterung an und ist nun doch ganz in seinem Element. Das hier, meint er, seien die Wälder des Naturparks Sette Fratelli, und was wir soeben auf dem Schild an der Abzweigung gelesen hätten, sei der regionale sardische Name dafür. Sette Fratelli – sieben Brüder, denn das den Park beherrschende Granitmassiv habe sieben gezackte Gipfel. Ein wunderbares Refugium sei diese Bergregion. Seit sie unter strengem Schutz stehe, für dessen Einhaltung auch er zuständig sei, entwickle sich ihr dichtes Gebüsch mehr und mehr zu einem Urwald mit mächtigen Steineichen, Erdbeerbäumen, wilden Pistazien und was die hiesige Pflanzenwelt noch so zu bieten habe.

Wir hatten schon gesehen, dass aus dem dichten Wald jäh zerklüftete Felsgebilde wie die geheimnisvollen Burgen einer märchenhaften Sagenwelt emporragen. Nun erfahren wir, dass herrliche Wanderwege durch das Gebiet führen. Besonders schön sind die Täler, die sich an manchen Stellen zu wilden Felsschluchten verengen. Bächlein fließen durch sie hindurch, plätschern in Kaskaden über Steine und Geröll, sammeln sich zu kleinen Tümpeln und Teichen, die Wanderern an heißen Tagen eine willkommene Erfrischung bieten. Das Gebiet der Sette Fratelli ist ausgesprochen wasserreich, ein Grund dafür, dass die Flora hier so verschwenderisch gedeiht.

„Doch die wahre Besonderheit ist der Sardische Hirsch!" Einmal in Fahrt gekommen, hat sich der Förster in einen enthusiastischen Redeschwall hineingesteigert. „Man bekommt ihn selten zu Gesicht. Schade, dass es jetzt schon zu spät ist, aber wenn Sie an einem anderen Tag wiederkommen, dann können Sie an einer geführten Wanderung teilnehmen. Dabei ist die Chance auf eine Sichtung am allergrößten!"

Der Sardische Hirsch ist ein Kuriosum und ein Paradebeispiel für das evolutionsbiologische Phänomen der sogenannten Inselverzwergung. Das tritt bei Populationen in Erscheinung, die über einen langen Zeitraum isoliert auf dem begrenzten Territorium einer Insel leben, dort keine Fressfeinde haben und sich daher gut vermehren können. In der Folge kann es dazu kommen, dass eine übergroße Anzahl von Tieren der betreffenden Art den begrenzten Lebensraum mit seinem entsprechend endlichen Futterangebot bevölkert. Und das wiederum zieht es nach sich, dass die jeweiligen Individuen der aufeinanderfolgenden Generationen allmählich kleiner werden.

Auf Sardinien, das sich ja schon vor Ewigkeiten vom europäischen Festland löste, fällt diese Kleinwüchsigkeit bei verschiedenen Tierarten auf, unter anderem bei Füchsen und Wildschweinen. Besonders deutlich sieht man das aber beim Sardischen Hirsch, der zwar zu den Rothirschen zählt, mit einer Schulterhöhe von nur rund 80 Zentimetern jedoch deutlich kleiner als seine Verwandten vom Festland ist. Die bringen es am Widerrist auf bis zu 1,30 Meter Höhe.

Wie lange die sardische Unterart, die auch „Tyrrhenischer Hirsch" genannt wird, schon auf der Insel lebt, ist unbekannt. Die Tiere sind genetisch dem nordafrikanischen Berberhirsch am ähnlichsten, möglich ist, dass Menschen sie irgendwann auf Sardinien eingeführt haben. Zur Ausbildung der Inselverzwergung reicht nämlich eine Zeitspanne von einigen Jahrhunderten bis zu wenigen Jahrtausenden. Die Bedingungen für die Entwicklung waren jedenfalls gegeben, denn andere Fressfeinde als den Menschen gibt es für Hirsche auf Sardinien nicht.

Doch diese eine räuberische Art kann ja bekanntlich schon zu viel sein, zumal wenn sie damit beginnt, sich gut zu vermehren und immer größere Territorien für ihre Jagd und ihre Landnutzung zu beanspruchen. Das beweist die Tatsache, dass die Zwerghirsche früher auch auf Korsika Verbreitung fanden, dort jedoch schon längst ausgestorben sind. Ihren Artgenossen auf Sardinien ging es nicht bedeutend besser, aber immerhin konnten sie noch gerade vor dem Aussterben bewahrt werden. Seit 1939 sind sie geschützt und dürfen nicht mehr bejagt werden.

Trotzdem lebten in den Sechzigerjahren des vergangenen Jahrhunderts nur noch weniger als hundert der Hirsche auf Sardinien, und zwar ausschließlich in der schwer zugänglichen Region der Sette Fratelli und im Naturpark Gutturu Mannu, einer waldreichen Bergregion südwestlich von Cagliari. Denn nicht nur die Jagd, auch die zunehmende Zerstörung ihres natürlichen Lebensraums hatte den Tieren sehr zu schaffen gemacht. Erst seit umfassende Naturschutzmaßnahmen griffen, konnten sich die Bestände erholen. Es gibt jetzt wieder an die 5.000 Sardische Hirsche, davon leben allein in den Wäldern von Sette Fratelli mehr als 1.500 Exemplare, einige mehr sogar im Gebiet von Gutturu Mannu, und auch andere Regionen der Insel werden allmählich wieder besiedelt. Dem Sardischen Hirsch geht es inzwischen sogar so gut, dass Tiere zwecks Wiederansiedlung nach Korsika exportiert werden können.

Doch mögen es auch noch so viele Hirsche sein, das Waldgebiet der Sette Fratelli ist groß, nur über wenige Wege zugänglich und vor allem sehr unübersichtlich. Wer nicht wie unser Förster weiß, wo die Tiere anzutreffen sind, hat kaum die Chance, sie zu Gesicht zu bekommen. Im Sinne ihres Schutzes ist dieses zurückgezogene Leben natürlich von großem Vorteil.

Als wir uns schließlich von dem auskunftsfreudigen Förster verabschiedet haben, unternehmen wir noch einen kleinen Spaziergang. Immerhin haben wir dabei die Fährte eines Miniaturhirschs im sandigen Boden entdeckt, deutliche Spuren der beiden kleinen, dicht beieinanderstehenden Hufe. Hirsche sind ja bekanntlich Paarhufer. Aber das sind Schafe und Ziegen natürlich auch, und die jeweiligen Abdrücke sind für uns Laien kaum zu unterscheiden. Wir wollen uns dennoch unsere Illusion nicht nehmen lassen.

Beschwingt von dieser Entdeckung fahren wir weiter zu dem Agriturismo, den der Wegweiser angekündigt hatte. Er ist genau das, was wir schon seit Tagen gesucht haben: urig und rustikal. Ein Esel lugt neugierig über den Zaun, auf Holzbänken vor dem Natursteingemäuer sitzen die ersten Gäste des Abends, lassen sich Landwurst und Käse schmecken. Weit schweift der Blick über die Berge der Sette Fratelli, und im gemauerten Grill lodert ein einladendes Feuer. Davor sind Fleischspieße aufgesteckt, die ein Mann gerade sorgsam dreht. Hier bekommen wir endlich Porcheddu, das berühmte sardische Spanferkel, und es ist köstlich.

Recht spät erreichen wir endlich unser kleines Landhotel bei Villasimius. Und am nächsten Tag gilt es, die hiesigen Küsten zu erkunden, sie sind die vorletzte Station unserer Reise.

Wir haben ja schon im Kapitel über die nahe Costa Rei gehört, dass Villasimius bis zur Mitte des letzten Jahrhunderts nichts als eine bescheidene Hirtensiedlung gewesen ist. Das hat sich inzwischen längst geändert. Und es ist keinesfalls dem Aufstieg der Costa Rei zu verdanken, sondern vielmehr den hinreißenden Stränden, die Villasimius selbst zu bieten hat.

Südlich der Ortschaft ragt das Capo Carbonara wie eine Degenspitze als südöstlichster Ausläufer Sardiniens ins Tyrrhenische Meer hinaus. An seine Flanken schmiegen sich Strände, einer reizvoller als der nächste. Hier gibt es kleine Buchten, gerahmt von mächtigen Gesteinsformationen, genauso wie den kilometerlangen, strahlend hellen Hauptstrand. Sein feiner Sand wird nur von ein paar windgeschliffenen Felsgebilden unterbrochen, die sich äußerst fotogen vor dem fantastisch leuchtenden Meer auftürmen – mal wieder Sardinien wie aus dem Bilderbuch!

Der Blick schweift weiter über geschwungene Hügel, zwischen deren Grün sich Häuser in der typisch unaufdringlichen Bauweise verstecken, während im Norden die Berge der Sette Fratelli eine imposante Kulisse bilden. Ein paar augenfällige Hinweise auf die Geschichte dieser Küstenregion geben der Sarazenenturm hoch oben auf dem Capo Carbonara, ein Kastell aus dem 17. Jahrhundert über dem malerischen Yachthafen oder verfallene Gebäude am besonders hübschen Strand von Cava Usai. Sie sind verwunschene „Lost Places", und damit schenken sie diesem Strand ein ganz besonderes Flair. Zwar ist hier die Farbe des Meeres so magisch, wie wir es schon gewohnt sind, und malerisch erheben sich daraus die vorgelagerten kleinen Felsinseln, die größere Isola di Càvoli mit ihrem Leuchtturm, in der Ferne die Bergketten auf der anderen Seite des Golfs von Villasimius. Und rings um den Strand die Hügel mit ihrem Wechselspiel aus lichter Macchia und schroffem Fels. Doch weil all das auch noch von Sarazenenturm und verlassenen Häusern gekrönt ist, erscheint uns dieser Strand fast wie eine Art Verdichtung all dessen, was Sardinien so einzigartig macht.

Die verfallenen Gebäude, soviel will ich doch verraten, sind gar nicht so geheimnisvoll. Sie gehörten zu einem Steinbruch, der in der zweiten Hälfte des 19. Jahrhunderts in der Bucht von Cava Usai angelegt wurde, um das helle Granitgestein vom Capo Carbonara abzubauen. In den Fünfzigerjahren des letzten Jahrhunderts wurde er stillgelegt – es wäre ja auch zu schade um das hübsche kleine Vorgebirge gewesen.

Villasimius hat noch deutlich mehr Geschichte zu bieten, als man auf diesen ersten Blick meinen könnte. Aufgrund der strategisch günstigen Lage des Capo Carbonara ist die Gegend nämlich schon seit Menschengedenken bewohnt. Hier findet man Nuraghen und Nekropolen mit Domus-de-Janas-Feenhäusern. Es gibt eine archäologische Fundstätte mit Resten der Besiedlung aus phönizischer und römischer Zeit oberhalb der Strände Cuccureddus und Campus, die in der weitgeschwungenen Bucht westlich des Kaps liegen. Von dieser Siedlung führte eine steinerne Treppe hinunter zu einem Hafen an der Mündung des Riu Foxi. Dieser Fluss konnte im Altertum noch ein gutes Stück weit ins Landesinnere mit Schiffen befahren werden. Ein Vorzug, der die Siedlung im äußersten Südosten Sardiniens durchaus begünstigte. Noch wesentlich bedeutsamer war es aber, dass sich in der geschützten Bucht von Cuccureddus der erste sichere Hafen auf dem Handelsweg vom italienischen Festland zur Iberischen Halbinsel befand.

Die antike Siedlung wurde im 5. Jahrhundert aufgegeben. Ihre Bewohner zogen sich von der Küste zurück und lebten fortan ausschließlich als Bauern und Hirten. Den einladenden Buchten zum Trotz spielte Fischfang während all dieser Zeit niemals eine Rolle. Zu einer grundlegenden Änderung im Leben der Einheimischen kam es erst, als schließlich der Tourismus erblühte. Nun gibt es Hotels, Ferienhäuser, Restaurants und Geschäfte, dazu ein vielseitiges Nachtleben und Freizeitangebote bis zum Abwinken.

Doch trotz alledem haben sich Villasimius und sein Umland den Charme einer sardischen Idylle bewahrt.

Sa costedda – ein Tomatenbrot aus Villasimius

Zutaten für 4–6 Personen:

1 kg aromatische Tomaten
500 g Mehl
3 Knoblauchzehen
½ Würfel Hefe
½ Bd. Basilikum
Olivenöl
Oregano
Salz und Pfeffer

Zubereitung:

Den Knoblauch häuten und fein hacken. Die Basilikumblättchen abzupfen und ebenfalls hacken. Die Tomaten in kleine Würfel schneiden, in eine Schüssel geben und mit den Händen zerdrücken, Knoblauch und Basilikum untermischen. Salzen, pfeffern und nach Geschmack mit Oregano würzen. 80 ml Olivenöl darübergießen, die Hefe hinzubröckeln, alles verkneten und dabei nach und nach das Mehl beifügen, bis ein klebriger Teig entstanden ist. Eine Springform gut mit Olivenöl ausfetten, den Teig hineinfüllen, abdecken und etwa 3 Stunden bei Zimmertemperatur ruhen lassen.

Den Backofen auf 180°C vorheizen und die Sa costedda ca. 50 Minuten darin backen, bis die Oberseite goldbraun ist. Vor dem Servieren etwas abkühlen lassen und in Stücke schneiden. Sa costedda schmeckt auch kalt.

Sa costedda ist in Villasimius das typische Rezept schlechthin und im Wesentlichen nur dort bekannt. Alternativ kann es auch mit Zwiebeln zubereitet werden.

Nachdem ich Ihnen in diesem Kapitel vom Porcheddu vorgeschwärmt hatte, dem sardischen Nationalgericht, wollte ich Ihnen an dieser Stelle eigentlich das Rezept dafür verraten. Doch das scheitert an den damit verbundenen

Schwierigkeiten. Sie benötigen nämlich zunächst ein Milchschweinchen, also ein Ferkel, das noch fast ausschließlich von der Milch der Muttersau ernährt wird, deren Nahrung zudem aus natürlichem Futter wie Kastanien, Eicheln und Getreide bestehen muss. Und solch ein Ferkel ist bei uns so gut wie nicht erhältlich. Abgesehen vom meist industriell hergestellten Futter der Muttertiere werden derart junge Ferkel von unseren heimischen Bauern nämlich normalerweise nicht geschlachtet.

Das nächste Problem besteht darin, dass das ganze Ferkel vor – nicht über – offenem Feuer aus aromatischem Holz geröstet werden muss, zum Beispiel nimmt man Oliven- oder Wacholderholz. Das Ferkel muss in der richtigen Entfernung zum Feuer langsam gebrutzelt und währenddessen regelmäßig gewendet werden, zunächst bei flammendem Feuer, das dann allmählich in heiße Glut übergeht. Je schwächer sie wird, desto näher muss das Ferkel an sie herangerückt werden. Eine Aufgabe für Könner und eine Prozedur, die gut und gerne vier Stunden in Anspruch nimmt.

Das Fleisch wird nach Geschmack mit Salbei, Minze und/oder Rosmarin gewürzt und erst ganz zum Schluss gesalzen, dann serviert man es auf einem Bett aus Myrtenzweigen. Und letztere bekommt man bei uns schon gar nicht. Fazit: Genießen Sie es auf Sardinien!

Oh, wie schön ist Cagliari! – Eine letzte Entdeckung

Um Cagliari habe ich bisher immer einen Bogen gemacht. Ich wusste so gut wie nichts über die Stadt und erwartete – vor allem nach der Enttäuschung über Olbia – auch nichts Besonderes von ihr. Doch nun ist es zu spät, denn wir haben schon vor Wochen ein Zimmer in der Altstadt gebucht. Die letzten beiden Tage unserer Rundreise werden wir also in Cagliari verbringen.

Da sind sie wieder, die staubigen „zone industriale", die Gewerbegebiete, welche die 150.000-Einwohner-Stadt umgeben. Wenig motiviert quälen wir uns im dichten Verkehr dort hindurch und in die Stadt hinein. Nun säumen Wohnblöcke die breiten Straßen, die sich desto mehr verengen, je weiter wir vordringen. Steil bergauf geht es schließlich Richtung Castello, denn dort befindet sich unsere Unterkunft. Keine besonders gute Wahl, so haben wir inzwischen festgestellt. Castello ist nämlich nicht, wie der Name vermuten lässt, ein Kastell, sondern die von dicken Mauern umgebene Altstadt von Cagliari. Mit schmalen Gässchen und strengen Verkehrsbeschränkungen. Zumindest in der Nacht darf man nicht hindurchfahren, und parken steht schon gar nicht zur Debatte. Was sollen wir also mit unserem Mietwagen tun? An der Straße vor dem Tor, das ins Castello führt, könne man das

Auto abstellen, hatte uns der Vermieter mitgeteilt. Dann seien es nur rund 400 bis 800 Meter bis zu unserer Bleibe, je nachdem, wo wir einen Parkplatz finden würden. Alles kein Problem! Zerknirscht denken wir an unsere Koffer und betrachten diese Option weniger optimistisch.

Die ungewisse Aussicht, so nah am Zentrum der Inselhauptstadt überhaupt noch eine Parklücke zu erwischen, trägt nun nicht unbedingt zur Verbesserung unserer Stimmung bei. Warum konnten wir nicht für die letzten Nächte ein schönes Hotel an irgendeinem Strand buchen? Da hilft es auch nicht, dass unsere Route uns auf dem letzten Stück am römischen Theater vorbeiführt, dessen Sitzreihen in den Hang des Stadtbergs hineingeschlagen sind. Es entstand im 2. vorchristlichen Jahrhundert und ist das größte römische Bauwerk Sardiniens. 20.000 Zuschauer fanden hier Platz, das entsprach der gesamten Stadtbevölkerung der damaligen Zeit. Es bietet einen grandiosen Blick auf die Bucht von Cagliari, und weil es recht gut erhalten ist, wird es noch heute während der Sommermonate für Musikveranstaltungen genutzt.

Aber wir haben kaum Augen für das imposante Amphitheater, denn wir suchen ja einen Parkplatz. Wir finden ihn schließlich in einer Seitenstraße. Ein Blick auf Google Maps verrät mir, dass die Entfernung bis zu unserem Quartier von hier aus knappe 600 Meter beträgt. Missmutig wuchten wir die Koffer aus dem Auto, fügen uns in unser Schicksal und machen uns auf den Weg.

Der führt zunächst unter Alleebäumen an der regionalen Polizeikaserne entlang, einem ansehnlichen und ganz schön langgestreckten Gebäude. Dann schließlich soll es durch ein schmales Steintor ins Castello gehen, wo sich ohne Unterlass auch der rege Autoverkehr hindurchdrängt. Keine erfreuliche Aussicht für Fußgänger mit Rollkoffern. Doch bevor wir uns durch dieses Nadelöhr zwängen, fällt unser Blick nach rechts. Eine kleine Piazza auf der Höhe, die sich zu den steil abwärts gelegenen Vierteln der Stadt öffnet. Ein paar Bänke unter schattenspendenden Bäumen und vor allem ein großartiges Panorama über den westlichen Teil der Bucht von Cagliari. Kurzentschlossen legen wir erst einmal eine Pause ein.

Über ein Konglomerat aus Wohnhäusern und Palazzi schweift unser Blick zum Hafen mit seinen Kränen, über die weiten Lagunen und das Meer bis hin zu den Bergen des Naturparks Gutturu Mannu, die sich am Horizont erheben. Eine Maschine startet gerade vom Flugplatz, der sich irgendwo dort unten am Rand des urbanen Dschungels verbirgt. Sie strebt den Wolken entgegen, die sich weiter im Süden der Bucht zu eindrucksvollen Kaskaden aufgetürmt haben. Hier ist es, wo mir erstmals der Gedanke kommt, dass Cagliari offenbar doch gar nicht so schlecht ist.

Durch eine enge Altstadtgasse geht es hangabwärts zu unserer kleinen Pension. Das Zimmer liegt im dritten Stock eines alten Palazzo mit langen, gewundenen Fluren, knarrenden Holztreppen und hohen Räumen, der Balkon ragt in die Schlucht der Gasse. Doch was heißt schon Balkon, eher handelt es sich um eine vergitterte Fensterbank, nicht einmal 30 Zentimeter breit. Trotzdem wage ich mich dort hinaus, und würde am gegenüberliegenden Fenster jemand stehen, so könnten wir uns fast die Hände schütteln. Und das alles in schwindelnder Höhe.

Das hat aber die Nachbarn nicht davon abgehalten, ihre Wäsche in typisch italienischer Manier über dem halsbrecherischen Abgrund zum Trocknen aufzuhängen. Schauderhaft der Gedanke, mich zu solch einer Leine hinüberbeugen zu müssen. Und doch ergreift mich ein Hochgefühl. Das hier, das ist eine italienische Altstadt wie aus dem Bilderbuch, mittelalterlich, urig, lebendig. Castellos Erscheinungsbild hat sich im Lauf der Jahrhunderte kaum geändert, vermutlich sah es hier vorzeiten fast genauso aus wie heute. Wir haben genau das richtige Domizil gebucht!

Schon zieht es uns wieder nach draußen. Ein Stück weiter hügelabwärts eine kleine Piazza, Stufen führen hinauf zur Cattedrale di Santa Maria Assunta e Santa Cecilia, dem Dom von Cagliari. Zumindest von hier unten betrachtet wirkt er auf angenehme Art schlicht und bescheiden. Das mag natürlich täuschen. Der im 13. Jahrhundert erbaute Dom hat im Lauf seiner Geschichte zahlreiche Um- und Anbauten erfahren und ist deshalb ein Sammelsurium der verschiedensten Stilrichtungen. Im Inneren beherrscht ihn barocke Pracht. Die Vorderfront, vordem ebenfalls barock, wurde Anfang des letzten Jahrhunderts wegen Baufälligkeit abgerissen und im ursprünglichen romanischen Stil wiederaufgebaut.

Auf der Piazza Tische und Stühle eines Ristorantes, und in ihrer Mitte, auf einem steinernen Sockel, die Bronzestatue des Franz von Assisi. Dieser Heilige, mustergültig für eine bescheidene Lebensweise, hat den passenden Standort zu Füßen der unprätentiösen Fassade des Doms, wie ich finde. In luftiger Höhe hangelt sich oben an der Statue ein Mann entlang. Bewaffnet mit einem Lappen wienert er akribisch das in Andacht geneigte Bronzehaupt des frommen Franz.

Weiter führen uns die Gassen den Hang hinab, bis wir wieder ein steinernes Tor erreichen. Es ist der Torre dell'Elefante, erbaut im Jahr 1307. Die Skulptur eines kleinen Elefanten, die auf einem Podest aus seiner Wand herausragt, gab ihm seinen Namen. Der Wehrturm ist aus massivem Kalkstein erbaut, nur an der Castello zugewandten Seite ist er offen und gibt den Blick auf seine hölzernen Innengeschosse frei. Durch das vormals gut befestigte Tor führt der Weg hinaus aus Castello.

Nun erreichen wir Marina, ein weiteres Viertel der Altstadt. Die breite Allee des Largo Carlo Felice führt hinunter zum Hafen, hier braust und lärmt der Verkehr. Ruhiger geht es in den Seitenstraßen und den verwinkelten Gässchen zu, da gibt es kleine Läden und Handwerksbetriebe, Bars und Cafés. Das pulsierende, vielgestaltige Treiben verrät, dass Cagliari nicht nur die Inselhauptstadt mit lebhaftem Hafen ist, sondern dank seiner Universität auch junge Leute aus den verschiedensten Nationen anzieht.

Wir schlendern weiter bergab, bis wir die Via Roma erreichen, einen breiten, vielbefahrenen Boulevard, der am Hafen entlangführt. An seiner stadteinwärts liegenden Seite spazieren wir unter Arkaden hindurch. Dichtes Gedränge herrscht in den Gängen, man spürt den Charme längst vergangener Zeiten. Ein Laden reiht sich an den anderen, wir können uns kaum sattsehen.

Erschöpft rasten wir endlich auf einer Bank am Lungomare und gönnen unseren müden Augen eine kurze Erholungspause beim Anblick des träge wogenden Hafenwassers. Allerdings meldet sich allmählich der Hunger. Fürs Abendessen ist es noch zu früh, wohin sollen wir gehen? Wir sind zwar an einer Vielzahl von durchgehend geöffneten Lokalen vorbeigekommen, aber die wirkten alle so betriebsam, fast hektisch. Uns steht der Sinn nach etwas Ruhigem und Authentischem. Um das zu finden, müssen wir wohl wieder hinauf in die Altstadt. Warum liegt Castello nur so verflixt weit oben?

Schlau habe ich die Onlinesuche bemüht und ein winziges Ristorante entdeckt, das angeblich auch nachmittags geöffnet sein soll. Es liegt im Viertel Villanova, östlich und vor allem noch unterhalb von Castello. Schon bald erreichen wir die stark befahrene Piazza Costituzione, von der rechts die Gassen des Villanova abzweigen.

Und welche Offenbarung erwartet uns hier! Vor den Türen der niedrigen Häuser reihen sich Blumentöpfe aneinander, wucherndes Grün und blühende Pracht verwandeln die Gassen in reizende Gärten. Und schon erreichen wir das unauffällige Lokal. Die Tür steht offen, doch drinnen ist es düster. Sollte denn nicht geöffnet sein? Beherzt gehe ich hinein. Niemand ist dort, außer einer rundlichen Frau um die Sechzig. Auf einem Stuhl sitzend ist sie in eine Lektüre vertieft.

Ob das Ristorante geöffnet sei, frage ich, und sie blickt erstaunt auf. „Was, jetzt?“, fragt sie entgeistert und wirft einen Blick auf ihre Uhr. Schon entschuldige ich mich und will wieder gehen, da ruft sie mich zurück. „Was soll's“, meint sie, winkt Ulli und mich herbei und führt uns zu einem Tisch. Eine Speisekarte gibt es nicht, gegessen wird, was sie gerade gekocht hat. Sie heißt Anna, und sie umsorgt uns wie eine italienische Bilderbuch-Mama. Eine Leckerei folgt auf die nächste, begleitet von fröhlichem Geplauder. Bis wir endlich abwinken und uns satt und zufrieden zurücklehnen. Die Melanzane alla sarda nach dem Rezept von Annas Mama waren eins der leckersten Auberginengerichte, die ich je gegessen habe. „Wir kommen morgen wieder“, verabschieden wir uns und reservieren gleich einen Tisch – zur regulären Öffnungszeit, natürlich. Als wir schon durch die Tür hinaus und auf der Gasse sind, kommt Anna hinter uns hergelaufen und schenkt uns eine Tüte mit selbstgebackenen Papassini. Wie glücklich die Begegnung mit dieser warmherzigen Frau uns gemacht hat!

Deshalb blicke ich tapfer nach oben, als wir den Steilhang am Giardino sotto le Mura erreichen, den „Garten unter den Mauern“, über dem die Altstadt Castello liegt. Eine endlose Treppe führt hinauf, aber das werden wir schon schaffen. Doch da – oh Wunder – entdecken wir versteckt in der Ecke einen Aufzug, der uns geradewegs nach oben bringt! Wir finden uns auf einer Terrasse wieder, der schicke Loungebereich einer Bar öffnet sich zu einem riesigen Platz, der Dachterrasse der Bastione di Saint Remy. Hell, herrschaftlich und mondän liegt sie mit toller Aussicht über den Dächern der Unterstadt. Der Platz dient als Flaniermeile und Treffpunkt, im Jahr 1901 wurde er zu genau diesem Zweck über der alten Bastion aus der Epoche piemontesischer Herrschaft erbaut.

Nun ist es nicht mehr weit, aber wir lassen uns Zeit und bummeln noch eine ganze Weile durch die Gassen, bis es langsam Abend wird. Allzu spät kehren wir allerdings nicht in unsere Bleibe zurück, denn abgesehen vom Besuch bei Anna haben wir für den nächsten Tag noch einige andere Pläne. Zunächst werden wir zum Belvedere gehen, am höchsten Punkt des Stadtbergs gelegen, gleich dort, wo unser Auto steht. Von hier schaut man in östlicher Richtung über die Häuser der Stadt, die mittelalterliche Burg Castello di San Michele auf dem nächsten Hügel, über die Salzlagunen vor dem langen Strand Poetto, dem Hausstrand von Cagliari. Auch diese Lagunen wären einen Besuch wert, seit die Salzgewinnung dort eingestellt wurde, stehen sie unter Naturschutz und sind ein Refugium für zahlreiche Tierarten, besonders für Vögel. Dort könnte ich endlich noch einmal Flamingos bewundern!

Östlich der Lagunen schließt sich die Stadt Quartu Sant'Elena an, die langsam, aber sicher mit Cagliari zusammenwächst, und weiter im Osten erheben sich die Sette Fratelli. Bei Villasimius, wo das sardische Festland mit Himmel und Meer verschmilzt, verliert sich der Blick in der Ferne.

Später wollen wir dann dem Archäologischen Museum einen Besuch abstatten, wohin fast alles geschafft wurde, was an wertvollen und bedeutenden Funden je auf Sardinien entdeckt worden ist. Es befindet sich direkt vor den Toren Castellos, ebenfalls am höchsten Punkt der Stadt, und ist Teil des modernen Gebäudekomplexes „Cittadella dei Musei". Hier erwartet uns – neben vielem anderen – noch einmal ein Mysterium aus der geheimnisvollen Vergangenheit der Insel: die Giganten von Mont'e Prama.

Es geschah im März 1974, als ein Bauer seinen Acker auf der Halbinsel Sinis pflügte und dabei auf einen hellen Stein stieß. Er grub den Brocken aus, und der wirkte auf ihn wie ein Kopf. So kam es, dass sich in den folgenden Jahren Archäologen dort an die Arbeit machten, und sie brachten Unmengen von weiteren Steinen zum Vorschein. Es stellte sich heraus, dass es sich dabei um Bruchstücke von Statuen handelte. Doch welcher Art diese Statuen waren und wer sie einst erschaffen hatte, wussten die Experten nicht. Sie sollten es auch so schnell nicht herausfinden, denn es fehlten die finanziellen Mittel, um die Arbeit fortsetzen zu können. Die Steine wanderten ins Archäologische Museum von Cagliari und verschwanden dort für dreißig Jahre im Keller. Erst als das Ministerium für Kulturgüter sich endlich dazu entschließen konnte, die nötigen Mittel bereitzustellen, begannen im Jahr 2007 die Restaurierungsarbeiten. Die 25 Statuen, die dabei zusammengesetzt werden konnten, wurden in den Ausstellungsräumen des Archäologischen Museums aufgestellt.

Die restlichen Teile lassen darauf schließen, dass es sich ursprünglich um fast doppelt so viele Statuen gehandelt haben muss. Alle waren zwischen zwei und zweieinhalb Meter hoch. Sie sind Darstellungen von Kriegern und Athleten, manche tragen Helme und Schilde, dazu knappe Tuniken mit breiten Gürteln. Sie sind muskulös, haben tief liegende Augen, die als konzentrische Kreise dargestellt sind, und schmale, stilisierte Münder. Pigmentspuren geben Hinweise darauf, dass sie ursprünglich bemalt waren. Doch wer hat sie erschaffen?

Ihr Alter ist bis heute umstritten, die Schätzungen bewegen sich aber in einem Zeitraum zwischen 1100 und 700 v. Chr. Die Statuen stammen demnach aus einer Epoche der nuraghischen Kultur, in der schon Kontakte zu anderen Völkern des Mittelmeerraums bestanden. Man hat sie „Giganten" getauft, weil sie verglichen mit anderen Skulpturen aus dieser Zeit ungewöhnlich groß sind. Ihr Fundort diente wahrscheinlich als Nekropole, denn man stieß bei den Ausgrabungen auch auf Gräber. Es mag sein, dass die steinernen Männer dort einst als Grabwächter fungierten.

Es muss eine bedeutende Anlage gewesen sein, doch eines Tages fiel sie der gewaltsamen Zerstörung anheim. Wann, durch wen und warum ist bis heute nicht bekannt. Sechs der Statuen wurden 2014 an das Museo Civico Giovanni Marongiu in Cabras überstellt, von dem wir im Zusammenhang mit dem bleibeladenen römischen Wrack gehört haben. Seitdem kann man sie also auch wieder in ihrer ursprünglichen Heimat auf der Halbinsel Sinis bestaunen. Und dort finden mittlerweile neue Ausgrabungen statt, bei denen bereits weitere Statuen zutage gekommen sind.

Später werden wir noch im Mercato di San Benedetto ein paar sardische Spezialitäten für zuhause einkaufen. In dieser Markthalle gibt es nämlich neben Fleisch, Fisch, Obst und Gemüse auch Delikatessen aus ganz Sardinien. Und wer weiß, was wir noch unternehmen werden. Denn Cagliari hat so viel zu bieten! Es ist eine schöne, lebendige Stadt, und es wird uns nicht leichtfallen, Abschied zu nehmen. Doch auf keinen Fall werden wir abreisen, ohne uns zuvor noch einmal von Anna verwöhnen zu lassen!

Melanzane alla sarda – sardische Auberginen nach dem Rezept von Annas Mama

Zutaten für 4 Personen:

800 g Auberginen
600 g arom. Tomaten
150 g geriebener Pecorino
2 Knoblauchzehen
1 Bd. Basilikum
Olivenöl, Salz, Pfeffer

Zubereitung:

Die Auberginen waschen, in Scheiben von ca. ½ cm Durchmesser schneiden und die Scheiben jeweils kreuzförmig einschneiden (sie geben dann leichter Bitterstoffe ab und garen schneller). Kräftig salzen, in ein Sieb legen und mit einem Teller abdecken, sodass sein Gewicht die Scheiben beschwert (die Auberginen sollen ihre Bitterstoffe verlieren, dabei wird Flüssigkeit austreten). Eine halbe Stunde ruhen lassen, dann gründlich unter fließendem Wasser abspülen und mit Küchenkrepp trocken tupfen.

Die Tomaten waschen, halbieren und die Samen entfernen. Nun in kleine Würfel schneiden, in eine Schüssel geben, einen ordentlichen Schuss Olivenöl hinzugeben, salzen und pfeffern. Die Basilikumblättchen abzupfen, die Knoblauchzehen häuten, beides fein hacken und zusammen mit 100 g Pecorino gut unter die Tomaten mischen.

Eine Auflaufform mit Olivenöl einfetten, eine Schicht Auberginen hineinlegen und mit einer Schicht Tomatenmischung bedecken. Schichtweise so weiterverfahren, bis alles verbraucht ist. Den restlichen Pecorino über die oberste Schicht streuen.

Den Backofen auf 200°C vorheizen und die Auberginen ca. 50 Minuten backen, bis die Oberfläche gut gebräunt ist.

Die Melanzane heiß mit Pane carasau (Rezept s. Seite 58) oder Weißbrot servieren. Man genießt sie pur als Gemüsegericht oder Vorspeise, aber auch als Beilage zu Fisch oder Fleisch. Melanzane alla sarda schmecken auch kalt.

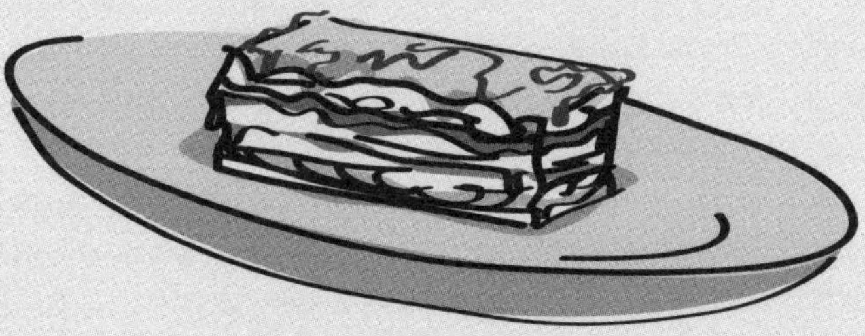

Das letzte Wort

Liebe Leser*innen,

eine letzte Frage hatte meine Freundin Gunhild noch, nachdem sie mein Buch gelesen hatte. Warum ist eigentlich der kleine Heringsfisch Sardine nach Sardinien benannt? Im Italienischen heißt er „sardina“, im Englischen taucht die Bezeichnung „sardine“ erstmals im 15. Jahrhundert auf. Sardinen kommen im gesamten Mittelmeerraum, im Atlantik und in der Nordsee vor. Doch tatsächlich waren sie früher um die Insel Sardinien herum ganz besonders stark verbreitet, deshalb ist es sehr wahrscheinlich, dass der Name einen Bezug zur Insel Sardinien hat.

Ich hoffe, Ihnen hat unsere Rundreise durch Sardinien gefallen. Versäumen Sie nicht die zugehörigen Fotos von der vielseitigen Insel auf **www.almutirmscher.de**!

Natürlich freue ich mich über Ihre Tipps, Hinweise oder Anregungen und beantworte auch gerne Ihre Fragen. Schreiben Sie mir einfach an kontakt@almutirmscher.de.

Vielen Dank und…

... ciao – oder wie man auf Sardisch sagt: adiosu! Vielleicht sehen wir uns bald auf der Insel der Traumstrände!

Ihre
Almut Irmscher

Danksagung

Ich danke allen, die mich mit Tipps und Anregungen unterstützt haben.

Ganz besonders danke ich meinem Mann Ulrich Otto, ohne seinen Rat, seine Korrekturen, seine Aufmunterungen und seine ständige Bereitschaft, mir alle Hindernisse aus dem Weg zu räumen, wäre meine Arbeit nicht möglich.

Mein herzlicher Dank geht an Rosi Seidl, die die Fotoalben auf meiner Seite www.almutirmscher.de mit ihren schönen Bildern bereichert.

Besonderer Dank gebührt auch meiner Freundin Gunhild Hexamer, die mich nicht nur durch die Jahrzehnte des Lebens begleitet hat, sondern auch die Entstehung meiner Bücher jedes Mal aufs Neue unermüdlich und engagiert mit ihren Hinweisen, Korrekturen und Anregungen begleitet. Sie ist es auch gewesen, die mir überhaupt erst den Anstoß zum Schreiben gegeben hat. Ohne Gunhild gäbe es meine Bücher nicht.

Gunhild ist selbst Autorin, wenn Sie sich für Nordamerika interessieren, dann empfehle ich Ihnen ihre Bücher, die Sie auf ihrer Website www.ghexamer.de finden.

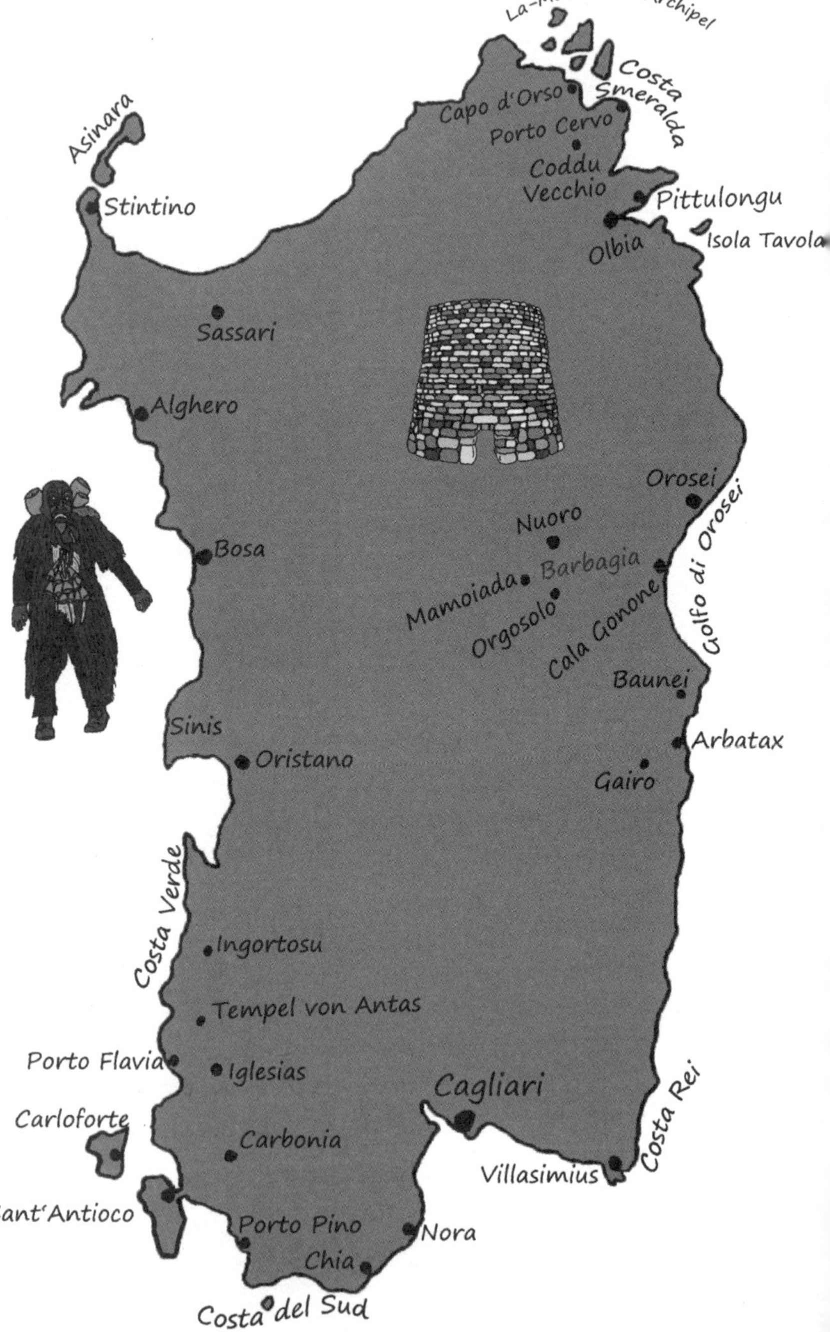
La-Maddalena-Archipel
Costa Smeralda
Capo d'Orso
Porto Cervo
Coddu Vecchio
Pittulongu
Olbia
Isola Tavola
Asinara
Stintino
Sassari
Alghero
Orosei
Golfo di Orosei
Nuoro
Barbagia
Mamoiada
Orgosolo
Cala Gonone
Bosa
Baunei
Arbatax
Gairo
Sinis
Oristano
Costa Verde
Ingortosu
Tempel von Antas
Porto Flavia
Iglesias
Cagliari
Costa Rei
Carloforte
Carbonia
Villasimius
Sant'Antioco
Porto Pino
Nora
Chia
Costa del Sud

osta Smeralda

uraghe La Prisgiona

Cagliari,
Franz von Assisi und der Dom

Capo Mannu

Capo Mannu

Cala Gonone, Ziegen

Cala Gonone

Cala Gonone

Blick auf Isola Tavolara

Nuraghe La Prisgiona

Arbatax

Villasimius

Feigenkaktus

Orgosolo,
Murales

Cava Usai, Villasimius

Tomba dei giganti
di Coddu Veccju

Sant'Antioco

Blick aufs sardische Festland
von Sant'Antioco aus

Cagliari

Cagliari-Castello

Cagliari-Villanova

www.MANA-Verlag.de
MANA
Die neuen Reise-Lesebücher
Almut Irmscher
Das Toskana-Lesebuch
Impressionen und Rezepte aus dem Land von Kunst und Genuss
REISE · LESEBUCH
MANA
Gunhild Hexamer
Das Kalifornien-Lesebuch
Impressionen und Rezepte aus dem Land der Superlative
MANA
... und viele weitere Länder
Almut Irmscher
Das Italien-Lesebuch
Impressionen und Rezepte aus dem Land der Sehnsucht
REISE · LESEBUCH
MANA
Gunhild Hexamer
Das Kanada-Lesebuch
Der Westen
Impressionen und Rezepte aus dem Land der Berge und Bären
MANA
Almut Irmscher
Das Schweden-Lesebuch
Impressionen und Rezepte aus dem Land der Elche
MANA